O LUCRO DA INTERVENÇÃO COMO GÊNERO AUTÔNOMO DA RESPONSABILIDADE CIVIL

BRUNO CASAGRANDE E SILVA

Prefácio
Ricardo Castilho

O LUCRO DA INTERVENÇÃO COMO GÊNERO AUTÔNOMO DA RESPONSABILIDADE CIVIL

10

Belo Horizonte

2024

© 2024 Editora Fórum Ltda.

COLEÇÃO FÓRUM
DIREITO CIVIL
E SEUS DESAFIOS CONTEMPORÂNEOS

É proibida a reprodução total ou parcial desta obra, por qualquer meio eletrônico, inclusive por processos xerográficos, sem autorização expressa do Editor.

Conselho Editorial

Adilson Abreu Dallari
Alécia Paolucci Nogueira Bicalho
Alexandre Coutinho Pagliarini
André Ramos Tavares
Carlos Ayres Britto
Carlos Mário da Silva Velloso
Cármen Lúcia Antunes Rocha
Cesar Augusto Guimarães Pereira
Clovis Beznos
Cristiana Fortini
Dinorá Adelaide Musetti Grotti
Diogo de Figueiredo Moreira Neto (*in memoriam*)
Egon Bockmann Moreira
Emerson Gabardo
Fabrício Motta
Fernando Rossi
Flávio Henrique Unes Pereira

Floriano de Azevedo Marques Neto
Gustavo Justino de Oliveira
Inês Virgínia Prado Soares
Jorge Ulisses Jacoby Fernandes
Juarez Freitas
Luciano Ferraz
Lúcio Delfino
Marcia Carla Pereira Ribeiro
Márcio Cammarosano
Marcos Ehrhardt Jr.
Maria Sylvia Zanella Di Pietro
Ney José de Freitas
Oswaldo Othon de Pontes Saraiva Filho
Paulo Modesto
Romeu Felipe Bacellar Filho
Sérgio Guerra
Walber de Moura Agra

FÓRUM
CONHECIMENTO JURÍDICO

Luís Cláudio Rodrigues Ferreira
Presidente e Editor

Coordenação editorial: Leonardo Eustáquio Siqueira Araújo / Aline Sobreira de Oliveira
Revisão: Carolina Sueto Moreira
Capa e projeto gráfico e diagramação: Walter Santos

Rua Paulo Ribeiro Bastos, 211 – Jardim Atlântico – CEP 31710-430
Belo Horizonte – Minas Gerais – Tel.: (31) 99412.0131
www.editoraforum.com.br – editoraforum@editoraforum.com.br

Técnica. Empenho. Zelo. Esses foram alguns dos cuidados aplicados na edição desta obra. No entanto, podem ocorrer erros de impressão, digitação ou mesmo restar alguma dúvida conceitual. Caso se constate algo assim, solicitamos a gentileza de nos comunicar através do *e-mail* editorial@editoraforum.com.br para que possamos esclarecer, no que couber. A sua contribuição é muito importante para mantermos a excelência editorial. A Editora Fórum agradece a sua contribuição.

Dados Internacionais de Catalogação na Publicação (CIP) de acordo com ISBD

S586l	Silva, Bruno Casagrande e
	O lucro da intervenção como gênero autônomo da responsabilidade civil / Bruno Casagrande e Silva. Belo Horizonte: Fórum, 2024. (Coleção Fórum Direito Civil e seus Desafios Contemporâneos, v. 10).
	113 p. 14,5x21,5cm
	(Coleção Fórum Direito Civil e seus Desafios Contemporâneos, v. 10) ISBN da coleção: 978-85-450-0675-6 ISBN do volume: 978-65-5518-673-4
	1. Responsabilidade civil. 2. Lucro da intervenção. 3. Enriquecimento sem causa. 4. Dano patrimonial e extrapatrimonial. 5. Justiça e equidade civil. I. Título.
	CDD: 342.085 CDU: 347

Ficha catalográfica elaborada por Lissandra Ruas Lima – CRB/6 – 2851

Informação bibliográfica deste livro, conforme a NBR 6023:2018 da Associação Brasileira de Normas Técnicas (ABNT):

SILVA, Bruno Casagrande e. *O lucro da intervenção como gênero autônomo da responsabilidade civil*. Belo Horizonte: Fórum, 2024. 113 p. ISBN 978-65-5518-673-4. (Coleção Fórum Direito Civil e seus Desafios Contemporâneos, v. 10).

Aos meus filhos, Alexandre e Guilherme, com o desejo de que esse livro possa ajudar, ainda que de maneira insignificante, na formação um mundo mais justo, humano e solidário para vocês.

AGRADECIMENTOS

À Daiana, cujo suporte, paciência e apoio inabaláveis foram meu farol nos momentos mais desafiadores. Sua presença foi fundamental nesta jornada.

A meus pais, Sérgio e Maria do Carmo, que me presentearam com o amor pela educação e o incentivo constante ao aprendizado. Vocês foram a base sólida sobre a qual construí meu caminho acadêmico.

"Se todos os nossos infortúnios fossem colocados juntos e, posteriormente, repartidos em partes iguais por cada um de nós, ficaríamos muito felizes se pudéssemos ter apenas, novamente, só os nossos."
Sócrates

"Cada um é responsável por todos. Cada um é o único responsável. Cada um é o único responsável por todos."
Antoine de Saint-Exupéry

"A verdadeira medida de um homem não se vê na forma como se comporta em momentos de conforto e conveniência, mas em como se mantém em tempos de controvérsia e desafio."
Martin Luther King Jr.

SUMÁRIO

APRESENTAÇÃO
COLEÇÃO FÓRUM DIREITO CIVIL E SEUS DESAFIOS
CONTEMPORÂNEOS
Marcos Ehrhardt Júnior..13

PREFÁCIO
RESPONSABILIDADE CIVIL E DIGNIDADE HUMANA
Ricardo Castilho...15

INTRODUÇÃO..19

CAPÍTULO 1
DIREITO, O FRUTO DA INTELIGÊNCIA HUMANA............................23
1.1   A formação do Direito segundo os "valores contemporâneos" 26
1.2   A formação de valores – uma reflexão sobre o que foi
        e o que hoje é..30

CAPÍTULO 2
RESPONSABILIDADE CIVIL E O SEU ESTADO DA ARTE.................37
2.1   Breve escorço histórico da Responsabilidade Civil 38
2.2   Conceito Compreensivo de Responsabilidade Civil 43
2.3   Reflexões sobre os pressupostos clássicos da Responsabilidade
        Civil Extracontratual 49
2.3.1   Conduta Humana..51
2.3.1.1 Conduta humana ilícita..53
2.3.2   Reflexão sobre a dispensabilidade da culpa e do dolo na
        responsabilidade civil e sua peculiaridade em relação ao direito
        de danos...57
2.3.3   Nexo de Causalidade 60

CAPÍTULO 3
DANO, O ELEMENTO FUNDAMENTAL DA
RESPONSABILIDADE CIVIL 63
3.1   Conceito de dano 64
3.2.   Gênero *versus* Espécie – distinções 66
3.2.1   Dano Patrimonial 69
3.2.2   Dano Extrapatrimonial 72
3.3   Princípio da Reparação Integral 75
3.4   Novos danos no Direito brasileiro 77
3.4.1   Dignidade da pessoa humana como fundamento dos "novos danos" 77
3.4.2   O dano e a seleção em concreto dos interesses tutelados 82

CAPÍTULO 4
O DANO PELO LUCRO DA INTERVENÇÃO 85
4.1   O enriquecimento sem causa como base legislativa da existência do dano pelo lucro da intervenção 86
4.2   O *leading* case – Caso Giovanna Antonelli (REsp 1.698.701/RJ) 89
4.3   A incompatibilidade de inserção do lucro da intervenção nos gêneros patrimoniais e extrapatrimoniais 91
4.4   O lucro da intervenção como gênero autônomo de responsabilidade civil 93

CONCLUSÃO 97

REFERÊNCIAS 103

APRESENTAÇÃO

COLEÇÃO FÓRUM DIREITO CIVIL E SEUS DESAFIOS CONTEMPORÂNEOS

A vida em sociedade é uma constante mutação nos modos e na intensidade de relações interpessoais cada vez mais fluidas e complexas. Diversidade e pluralidade se tornam um desafio para operadores do direito comprometidos com as diretrizes axiológicas do texto constitucional, num cenário de pouca tolerância e respeito a pontos de vista e escolhas comportamentais e negociais diferentes da maioria.

O Direito Civil exprime o cotidiano do sujeito comum, do indivíduo que assume funções em seu ambiente familiar, negocial e tem que equilibrar as necessidades de interação e contato social com o respeito a seus valores e visão de mundo, que determinam seu projeto de vida e decisões eminentemente existenciais. A velocidade das mudanças no mundo contemporâneo tem produzido um evidente impacto nos institutos tradicionais da disciplina, que carecem de ressistematização e uma funcionalização atenta aos legítimos interesses das pessoas envolvidas.

O melhor caminho para refletir sobre os desafios de aplicar um conhecimento que era abordado de modo estático numa realidade analógica, a um cenário dinâmico de elevada interação digital, é ter acesso a um acervo de qualidade técnica, elaborado mediante uma pesquisa de fontes exemplar, comprometido com análise crítica do contexto fático atual e com uma metodologia que privilegia a pessoa e suas necessidades existenciais em detrimento de aspectos puramente patrimoniais.

Com esses objetivos apresenta-se a *Coleção Fórum de Direito Civil e seus desafios contemporâneos*, criada com a finalidade de servir como um espaço privilegiado para discussão de um direito civil adequado às demandas do tempo presente. Os livros que forem editados com esse selo têm por objetivo abordar temas que necessitam de maior atenção e debate de operadores jurídicos, quer seja por sua inovação, necessidade de revisão de entendimentos clássicos, quer seja pela nova abordagem que sugerem para enfrentamento de questões controversas relevantes para a melhoria da prestação jurisdicional em nosso país. Busca-se reunir uma doutrina útil para novas pesquisas e para servir de fonte preferencial para decisões judiciais, servindo de fundamento para a atuação de advogados, promotores, defensores e magistrados.

Com a criação desta Coleção, a Editora Fórum mais uma vez reafirma seu compromisso com a consolidação e divulgação de doutrina jurídica de qualidade a seus leitores, garantindo um espaço de excelência para o trabalho de todos aqueles que acreditam na pesquisa jurídica como num dos caminhos para a construção de uma sociedade mais justa e solidária.

Maceió/AL, 21 de abril de 2019.

Marcos Ehrhardt Júnior
Coordenador

PREFÁCIO

RESPONSABILIDADE CIVIL E DIGNIDADE HUMANA

Num tempo em que a internet e as redes sociais permitem, admitem ou simplesmente se eximem de responsabilidade, numa liberdade excessiva de pessoas físicas e jurídicas que, sem autorização, citam frases, exibem imagens e utilizam vozes, o tema trazido pelo festejado professor Bruno Casagrande e Silva é necessário e, digo mais, urgente.

Canso-me de ver pululando pela web frases que a pessoa que posta simplesmente anota: "autor desconhecido". Desconhecido de quem? Antes de publicar, há dezenas de formas de pesquisar a correta autoria de uma frase ou uma ideia, para dar o devido crédito. Não se pode escusar a ausência de crédito a uma ignorância ou desleixo. Mas, até aqui, mencionei apenas espécies de contravenções, embora as obras intelectuais sejam protegidas pela Lei nº 9.610/1998, conforme seu art. 7º ("as criações do espírito, expressas por qualquer meio ou fixadas em qualquer suporte, tangível ou intangível, conhecido ou que se invente no futuro"). Ademais, recomenda a legislação que se obtenha autorização por escrito para uso comercial da imagem ou da criação intelectual de alguém. É um contrato, ainda que seja uma autorização sem ônus. Mais grave ainda, contra a memória da nossa civilização, é quando se trata de frases ou ideias caídas em domínio público, e que a pessoa que divulga não se dá ao trabalho de pesquisar a real autoria. Existem pessoas, no entanto, inclusive jurídicas, que passam ao largo dessa obrigação ético-moral-legal.

Por isso, o raciocínio intelectual de Bruno Casagrande e Silva vai além, ao detalhar como configura crime utilizar, para auferir lucro, criações, citações ou performances de pessoas que não cederam autorização. A base referencial de sua pesquisa é o conceito de valor, na sua acepção mais ampla, desde os filósofos pré-socráticos até os dias atuais. Cito: "É oportuno apontar, todavia, que o fato de o Direito ser uma ideia socialmente difundida não é desabonador em sua essência, pois é justamente essa característica que permite a maleabilidade e a permeabilidade da norma jurídica como instrumento transformador da humanidade".

É o que digo sempre: a civilização avança, evolui, e as regras sociais se ajustam, para acompanhar o momento, coordenadas pelo Direito, numa configuração jus-sociológica. E há algo que muda apenas para manter a integralidade entre o ser e o dever ser, conforme o ideário kantiano – os valores e suas atualizações. Valores como o respeito ao outro são aquilo que forma o alicerce de uma sociedade equilibrada.

Passo ao largo das considerações acadêmicas, todas muito bem coligidas – e corretamente creditadas – pelo autor. Faço uso deste espaço para o qual fui chamado a escrever, o que muito me honra, para me concentrar na questão íntima da vida em grupo regida por valores. Quem faz mal deve reparar. Quem ofende deve se retratar. Quem lucra deve distribuir com quem trabalhou. E quem lucra pelo trabalho dos outros, sem remunerar, deve compensar. Remeto à frase de Giovanni Pacchioni, que já no século XIX escreveu: "só o dano patrimonial pode ser ressarcido; os danos morais não são ressarcíveis, podendo apenas ser compensáveis". *Id quod interest*, diziam os romanos, estabelecendo dois níveis: a perda sofrida e o ganho não auferido. Muitos autores modernos consideram que prejuízos e danos são dois termos não sinônimos, portanto nem sempre a avaliação obedece a critérios objetivos.

Parece lógico e até muito simples. E quem dera fosse mesmo muito simples.

Porém, existem entendimentos variáveis, diferenças culturais, desvios ocasionais. O Direito está em nosso meio para, na sua essencialidade (fato, valor e norma, no dizer de Miguel Reale), atenuar consequências ou devolver equidade, sob pena de dissolução do grupamento humano. A isso chamamos responsabilidade civil, elemento do Direito que se transforma junto com a sociedade e seus valores.

Vou citar um caso recente e exemplar. Um jogador de futebol foi acusado de estupro numa cidade da Europa. Investigado, verificou-se haver provas suficientes para sustentar a denúncia, e o jogador foi preso e julgado. A promotoria pediu 12 anos de prisão. Porém, como o réu concordou em pagar à vítima uma compensação pecuniária de 150 mil euros, a pena foi reduzida para quatro anos e meio. Pergunto: a Justiça é satisfeita, então, quando o réu tem condições de pagar dinheiro à vítima? Ao contrário, o réu que não pode pagar deve cumprir a pena integral? O leitor não acha que há alguma coisa fora de ordem no raciocínio jurídico desse caso específico?

Desviei-me um pouco, mas apenas para concordar com Bruno Casagrande Silva que "a regra não é apenas indenizar os danos, mas esforçar-se no sentido de abstenção de causar dano". O princípio da reparação integral, previsto no Código Civil, é o fulcro deste trabalho honesto e bem fundamentado, fruto da pesquisa profunda do autor.

Como especialista em Direitos Humanos que sou, o que me chama a atenção, em particular, é o discernimento de Bruno Casagrande e Silva de vincular todo o raciocínio histórico e processual do tema a um elemento fundamental da moderna jusfilosofia: a dignidade humana.

Pessoa dedicada ao Direito e ao magistério, esse autor que me concedeu a gentileza de atuar na orientação de sua tese de doutorado em Direito, na área de concentração Acesso à Justiça, na Faculdade Autônoma de Direito (FADISP), não se mostrou apenas um pesquisador com méritos, mas um crítico inteligente da doutrina e da jurisprudência, contribuindo para enriquecer o entendimento atual das questões relacionadas ao dano pelo lucro da intervenção.

Para além de um advogado experiente e acostumado a ensinar, Bruno Casagrande e Silva é coordenador de cursos jurídicos, além de lecionar em cursos de pós-graduação em Direito e atua em diversas entidades de classe, entre elas a Escola Superior da Advocacia da OAB do Mato Grosso, como diretor-secretário-adjunto.

Este livro é quase um *vade-mecum*. Servirá a estudantes pelo seu didatismo, e servirá a profissionais operadores do Direito pela sua limpidez de raciocínio e pela ousadia de suas ponderações. E, inclusive, pela coragem de trazer à luz um caso real, pioneiro, transitado em julgado no Superior Tribunal de Justiça em 2018.

Fui orientador, mas aprendi deveras com esse orientando. Como disse Guimarães Rosa, no livro *Grande sertão: veredas*, "mestre, não é quem sempre ensina, mas quem, de repente, aprende".

Ricardo Castilho

Pós-Doutor em Direito pela Universidade de São Paulo (USP) e pela Universidade Federal de Santa Catarina (UFSC). Fundador da Escola Paulista de Direito (EPD). CEO da Law Concept Academy (LCA). Professor de Filosofia e Direitos Humanos.

INTRODUÇÃO

A responsabilidade civil é, provavelmente, a disciplina do Direito Civil com maiores transformações no século XX e início do século XXI. A transformação da sociedade, que até então era fortemente calcada em um ideário de propriedade, deu-se agora para uma sociedade pautada em um figurino humanitário, que se desenvolveu na segunda metade do século XX.

Em um sistema de *civil law*, como é o brasileiro, em regra as transformações do Direito Civil acontecem de forma lenta, dependendo de ação do legislador, porém – no campo da responsabilidade civil, notadamente no que diz respeito aos danos – coube à doutrina e à jurisprudência a transformação da sua realidade.

No presente trabalho, pretende-se responder ao seguinte problema: o lucro da intervenção integra o sistema de responsabilidade civil brasileiro? Se sim, qual é o seu *locus* nesse sistema?

Ao longo do desenvolvimento, concluímos a existência de um novo gênero de responsabilidade civil, apartado dos clássicos danos patrimoniais e extrapatrimoniais, contatado – e não criado – a partir de uma releitura sistemática da própria legislação, tomando como ponto de partida o desenvolvimento histórico da disciplina e a mudança dos valores sociais, elementos fundamentais para a formação do Direito.

Assim, no primeiro capítulo realizamos uma revisão da noção de valores humanos como definidores de bens jurídicos tutelados, permitindo a compreensão daquilo que pode ou não ser tutelado pela responsabilidade civil, para além do prejuízo material.

Essa reflexão envolve a compreensão da formação dos valores sociais humanos, a partir do tripé proposto por Miguel Reale em sua

Teoria Tridimensional do Direito, onde o valor é elemento fundamental na formação da ordem jurídica.

No segundo capítulo, procuramos compreender o estado da arte da responsabilidade civil no século XXI, a partir de uma revisão histórica, para encontrarmos um conceito atual de responsabilidade civil. Esse conceito serve de eixo para compreensão da ideia que se busca, que é a do lucro da intervenção como gênero da responsabilidade civil e não mera ação *in rem verso*.

Fixado o conceito, parte-se para uma análise dos elementos fundantes da responsabilidade civil, que naturalmente permeiam tal instituto, pelo lucro da intervenção, considerando as transformações experimentadas por cada um deles até os dias atuais.

O terceiro capítulo é reservado ao elemento chave da responsabilidade civil como um todo, mas especialmente no que diz respeito ao lucro da intervenção: o dano. As transformações experimentadas por esse elemento, desde o advento do Código Civil de 1916, com forte inspiração no Código Napoleão, do século XIX, são as mais significativas, tendo a noção sido fortemente influenciada pela Constituição de 1988 e pelo Código Civil de 2002.

A partir da gnose da relevância do dano, busca-se compreender os dois gêneros consolidados na responsabilidade civil, quais sejam o dano patrimonial e o dano extrapatrimonial, para distingui-los, oportunamente, do lucro da intervenção diante de suas peculiaridades.

Passar-se-á, então, à análise do Princípio da Reparação Integral, que vem adquirindo novos contornos com as transformações do Direito. A compreensão da reparação integral é essencial para compreender a autonomia e cumulatividade dos danos, bem como a diversidade de meios de satisfação das vítimas de um dano.

Encerra o terceiro capítulo pela compreensão daquilo que se convencionou chamar de novos danos, bem como o regime em que estes nascem e convivem, com ressalvas importantes à técnica jurídica sob risco de banalização do instituto.

Compreendida a noção de dano, o capítulo 4 foca no lucro da intervenção, procurando, a partir de uma sistemática revisão dos conceitos estudados até o momento, buscar elementos para o reconhecimento do lucro da intervenção com gênero autônomo da responsabilidade civil, com base nos valores sociais e previsão legislativa expressa, por meio de uma interpretação sistemática do regime de reparação dos danos.

A investigação científica que se propõe supera o paradigma clássico que aparta o enriquecimento sem causa da responsabilidade civil, concluindo que as dificuldades só existem quando o lucro da intervenção precisa ser adequado dentro de um dos gêneros doutrinários pré-existentes. Assim, a partir do momento que a responsabilidade civil ganha autonomia do Direito das Obrigações, torna-se ramo autônomo do Direito Civil e, portanto, capaz de expandir-se, em razão da opção constitucional-legislativa exercida até o momento, contendo em si o lucro da intervenção como *tertium genus* da responsabilidade civil.

CAPÍTULO 1

DIREITO, O FRUTO DA INTELIGÊNCIA HUMANA

No presente capítulo, pretende-se analisar o Direito como criação humana e a forma como ele se desenvolve de uma ideia genérica e abstrata a um sistema de regras complexas e aplicáveis capazes de moldar a sociedade.

O complexo de normas e regras que convencionamos chamar de Direito é a soma de toda a construção humana com a finalidade de resolução de conflitos. Há um número enorme de normas jurídicas visando a regular não apenas as relações sociais, mas também o comportamento individual do ser humano.

A generalidade embutida em toda norma legislativa tem uma finalidade bastante clara, qual seja a homogeneização do comportamento humano a partir de ideais teóricos de Justiça para viabilizar a vida em sociedade. Ricardo Castilho afirma que "O próprio sentido da vida humana, inclusive o da preservação, só existe em sociedade. E sociedade significa, necessariamente, convivência de pessoas diferentes, com urgências diferenciadas e posições por vezes divergentes. Por isso mesmo, onde quer que exista uma sociedade, deve haver o direito (*ubi societas, ibi jus*)".[1]

O Direito é uma criação da capacidade humana de elaborar ficções. Isso significa trabalhar com hipóteses de cenários abstratos, criados a partir da observação da realidade experimentada e da soma do conhecimento acumulado. Não se trata de algo físico, resultado do transcurso abstrato do tempo e relações de causa e efeito físicas

---

[1] CASTILHO, Ricardo. *Filosofia Geral e Jurídica*. 7. ed. São Paulo: Saraiva, 2021.

e biológicas, que, por sinal, são as únicas limitações que podem ser impostas ao Direito.²

Todavia, os limites não são algo tão simples, visto que, conforme ensina Ricardo Castilho, são pressupostos universais que devem ser observados para que a humanidade, como coletividade possa prosperar:

> As coisas do mundo se modificam, se alternam ou se substituem. Umas fenecem, vitimadas pela sua própria característica de obsolescência, outras nascem originadas de sua própria qualidade de regeneração. Assim são as coisas, assim são as pessoas. E assim são as leis. A dinâmica das leis não é exclusiva do Direito – que apenas expressa a vontade de uma comunidade para que viva em harmonia. Há leis na Física, para nos ensinar como se comportam os fluidos, as ondas eletromagnéticas, o nascer e o pôr do sol, a duração do tempo e a sua relatividade à massa, ao espaço, à velocidade. Há leis na Medicina, e nós as aprendemos para que ninguém morra antes do tempo nem adoeça por causa da ignorância. Há leis, ou antes, pressupostos, em todos os campos do conhecimento.³

Ainda, Lourival Vilanova afirma que "altera-se o mundo físico mediante o trabalho e a tecnologia, que o potencia em resultados. E altera-se o mundo social mediante a linguagem das normas, uma classe da qual é a linguagem das normas do Direito".⁴

Essa é também a lição de Goffredo Telles Júnior, o "Direito Quântico" é, em essência, a consolidação normativa de um sistema ético, vigente em determinado momento do tempo em uma determinada sociedade, sendo resultado da inteligência humana.

Para o autor, o Direito nasce a partir do processo de organização humana, segundo fontes biológicas, formado por mutações e ajustes da seleção natural, refletindo a linguagem humana e o grupo genético em que é inserido. O Direito seria, portanto, essencial, tendo a sua origem na alma da sociedade, exprimindo o seu "sentimento" ou "estado de consciência", inspirado em convicções profundas e generalizadas, refletindo a índole de uma coletividade.⁵

---

² ROCHA, José Manuel de Sacadura. *Antropologia jurídica*: geral e do Brasil. 5. ed. Salvador: Juspodivm, 2018, *passim*.
³ CASTILHO, Ricardo. *Filosofia Geral e Jurídica*. 7. ed. São Paulo: Saraiva, 2021.
⁴ VILANOVA, Lourival. *As estruturas lógicas e o sistema do direito positivo*. São Paulo: Revista dos Tribunais, 1977. p. 3-4.
⁵ TELLES Júnior, Goffredo. *O Direito Quântico*: ensaio sobre o fundamento da ordem jurídica. São Paulo: Max Limonad, 1985. p. 428.

O Direito é um instrumento de transformação, que permite que o ser humano, dentro de suas capacidades únicas, conviva em sociedade, formando grupos de até bilhões de pessoas em coexistência organizada. É evidente que outros organismos podem chegar a números de colônias altíssimos, porém nenhum deles conta com o nível de tecnologia e coordenação dos seres humanos. Preciosa a lição de Pontes de Miranda ao afirmar que "a regra jurídica foi a criação mais eficiente do homem para submeter o mundo social e, pois, os homens, às mesmas ordenação e coordenação, a que ele, como parte do mundo físico, se submete. Mais eficiente exatamente porque foi a técnica que mais de perto copiou a mecânica das leis físicas".[6]

Assim, as revoluções históricas traduzem um aprimoramento institucional da sociedade, somando à tecnologia e à cultura do passado as novidades tecnológicas, culturais.[7]

É oportuno apontar, todavia, que o fato de o Direito ser uma ideia socialmente difundida não é desabonador em sua essência, pois é justamente essa característica que permite a maleabilidade e a permeabilidade da norma jurídica como instrumento transformador da humanidade. Olhar para a história é compreender como o Direito moldou comportamentos e nos permitiu chegar até o estado da arte, mas também é uma janela para o futuro que nos permite inferir transformações sociais que se operam por meio de novas construções sobre um alicerce firme, permitindo buscar soluções à problemas que atingem a humanidade como um todo.

O Direito tem um condão de, a partir da leitura do passado e do presente, moldar o futuro. Esse olhar ultra temporal é formador de uma realidade jurídica que pode resultar positiva ou negativamente na realidade fática de toda a humanidade, garantindo até mesmo a sua própria sobrevivência ou assegurando a sua aniquilação.

Não há qualquer soberba nessas palavras, mas apenas a constatação que é no Direito – ou no devido conceito de justo ou certo – que se torna possível vislumbrar soluções para problemas humanos pandêmicos. Crises como a pandemia da COVID-19 (2019-2022) só puderam ser debeladas pela forte atuação do Estado por meio do Direito, assim como uma solução importante para o problema do aquecimento global só poderá ser mundialmente implementada por

---

[6] PONTES DE MIRANDA, Francisco Cavalcante. *Tratado de Direito Privado*. Atualizado por Vilson Rodrigues Alves. Campinas: Bookseller, 1999. Tomo I. p. 49.

[7] HIRONAKA, Giselda Maria Fernandes Novaes. *Responsabilidade pressuposta*. Belo Horizonte: Del Rey, 2005. p. 44-45.

meio de acordos e normas jurídicas, que apresentem uma solução passível de imposição generalizada, superando rusgas e diferenças em prol da humanidade.

1.1 A formação do Direito segundo os "valores contemporâneos"

Os valores compõem o tripé fundamental da formação do Direito. No presente tópico, analisaremos esse elemento de formação do Direito em um prima juris-sociológico, buscando compreender como os valores materializam-se na formação do Direito.

Sendo o Direito fruto da criação humana a partir das regras de experiência e da capacidade de prospecção futura, somos obrigados a refletir sobre o fio condutor que orienta sua formação. Segundo Caio Mario da Silva Pereira, "historicamente, o costume é a forma primeira de elaboração da norma jurídica. Quando um grupo social adota uma prática reiterada de agir, sua repetição constante a transforma em norma de comportamento, que o tempo consolida em princípio de Direito".[8]

Os "valores" humanos – algo muito semelhante à "moral" – são os nortes que conduzirão à formação do Direito, como um todo. Essa noção de valores fica muito evidente nos sistemas de *common law*, onde a norma jurídica se forma a partir da experiência, porém nos sistemas de *civil law* os valores orientam o processo político-legislativo. Somese isso ao fato que nenhum dos dois sistemas é "puro" e a integração cada vez maior entre esses sistemas jurídicos vem sendo acentuada justamente pela presença do "valor contemporâneo" em detrimento daquilo que reza o clássico brocardo latino *"dura lex sed lex"*.

A noção de valor é intrínseca ao ser humano, sendo construída com o passar do tempo e a da evolução da humanidade, refletindo em maior ou menor quantidade aquilo que lhe outorga o indivíduo. Assim, por exemplo, se no passado a mulher era considerada inferior ao homem, hoje os valores são aqueles que espelham a igualdade entre os gêneros.

Todavia, os valores não são dotados de imperatividade, estando mais inseridos no íntimo dos indivíduos. A sua propagação para o grupo de indivíduos, a coletividade, confere força para que ele seja elevado à condição de norma jurídica, seja por lei, seja pelo reconhecimento

---

[8] PEREIRA, Caio Mario da Silva. *Instituições de direito civil*. 24. ed. Rio de Janeiro: Forense, 2011. p. 55.

prático jurisprudencial, a depender do sistema jurídico vigente.

Os "costumes", por exemplo, estão inseridos no art. 4º da Lei de Introdução às Normas de Direito Brasileiro (LINDB) uma das formas de integração da norma jurídica. Classicamente, esse dispositivo só deveria ser utilizado quando houvesse uma "lacuna legislativa" não coberta expressamente pelo Direito.

Ensina Maria Helena Diniz que, havendo lacuna ou antinomia jurídica, a partir da noção de sistema jurídico, deve-se analisar as propriedades normativas fáticas e axiológicas do sistema e seus defeitos formais, buscando a sua harmonização, afastando quaisquer lacunas ou contradições que por ventura se cogite. O sistema jurídico é, necessariamente, único e completo, sendo capaz de responder aos casos concretos que eventualmente possam se apresentar. Cabe à doutrina e à jurisprudência a construção de conceitos jurídicos a partir do "espírito da lei", conforme a realidade espaço-temporal e a sistemática jurídica como um todo, preenchendo-se eventuais lacunas.[9]

Esse modelo é perfeitamente compatível com um modelo contemporâneo de legislação, com normas abertas e de conteúdo indeterminado. Todavia, se no passado, a codificação era a regra, a meta a ser alcançada, com uma lei para cada situação, o legislador contemporâneo modificou seu comportamento, passando a adotar um modelo mais próximo ao sistema de *common law*, redigindo textos de lei com conceitos e conteúdos abertos, para serem (con)formados pelo jurista intérprete:

> Sendo a lei fonte principal do direito, o costume, que é a fonte subsidiária, há de gravitar na órbita do direito escrito. Vigora e tem cabimento até onde não chega a palavra do legislador, seja para regular as relações sociais em um mesmo rumo que o costume antes vigente, seja para estabelecer uma conduta diversa da consuetudinária. [...] A invocação do costume às vezes se dá no silêncio da lei, quando se encontra um aparente hiato nas suas disposições, preenchido pela observância de práticas costumeiras, de que os tribunais se valem para completar-lhe o preceito. Outras vezes, quando é a própria lei que ordena a adoção dos costumes locais, o juiz deve procurar, na sua função aplicadora da norma, casos em que a regra costumeira integra expressamente o direito positivo, [...].[10]

---

[9] DINIZ, Maria Helena. *Curso de Direito Civil Brasileiro*. 18. ed. São Paulo: Saraiva, v. 1, 2002. p. 61-62.

[10] PEREIRA, Caio Mario da Silva. *Instituições de direito civil*. 24. ed. Rio de Janeiro: Forense, 2011. p. 57-58

Alaor Caffé Alves afirma que "a razão instrumental e abstrata pela qual o direito transparece se presta exatamente para banir do plano jurídico as contradições que lhe comprometem a coerência formal intrínseca e lhe dão real feição histórica".[11] Continua o autor afirmando que a coerência, como critério formal, se presta à construção estruturada da ideologia jurídica, a partir de um ponto referencial básico, *v.g.*, um valor, entendendo que "essa estrutura formal dá por isso mesmo a impressão de vigência supra-histórica, certa e segura, não sujeita aos percalços das contradições dissolventes".

O exemplo mais evidente desse tipo de norma – e que por muitas vezes não é compreendido – é a opção do Constituinte brasileiro socorrer-se, no art. 1º da Constituição, da locução "dignidade da pessoa humana" como fundamento da república. Ainda que se sustente que tudo o que foi inserido nos artigos 5º e 6º da Constituição sejam exemplos de hipóteses de dignidade da pessoa humana, é pacífico o entendimento que a expressão é um princípio de conteúdo aberto, que é preenchido dia a dia, de forma inesgotável.[12]

O uso dessas normas de conteúdo aberto, inclusive, levou a um movimento muito bem identificado por Mário Luiz Delgado, que em brilhante obra sobre a codificação do Direito Civil Brasileiro afirma que a superação da codificação civil de 1916, pelo movimento de descodificação e a ulterior recodificação do Direito Civil, em 2002. O autor, todavia, ressalta que codificar e recodificar são atos distintos, afirmando que "Recodificar, de certa forma, é 'chamar o feito à ordem', reinserindo em um corpo normativo mais ou menos coeso, regras e princípios novos que se dispersaram com o evoluir da sociedade".[13]

No mesmo sentido, Caio Mário da Silva Pereira reflete sobre críticas ao Código Civil de 2002, afirmando que cabe ao jurista preencher lacunas e omissões para construir o Direito atual, sendo que na hermenêutica da legislação civil os princípios constitucionais e os direitos fundamentais são verdadeiros referenciais que se impõe às relações aos interesses particulares.[14]

---

[11] ALVES, Alaor Caffé. A Função Ideológica do Direito. *Revista da Faculdade de Direito de São Bernardo do Campo*, [s. l.], v. 8, 2015.

[12] SARLET, Ingo Wolfgang. *Dignidade da Pessoa Humana e Direitos Fundamentais na Constituição Federal de 1988*. 8. ed. Porto Alegre: Livraria do Advogado, 2010, *passim*.

[13] DELGADO, Mário Luiz. *Codificação, descodificação e recodificação do direito civil brasileiro*. São Paulo: Saraiva, 2011. p. 260

[14] PEREIRA, Caio Mário da Silva. *Instituições de direito civil*. 24. ed. Rio de Janeiro: Forense, 2011. p. 76-77.

Uma das normas de conteúdo aberto inseridas no Código Civil de 2002, e que é fundamental para este trabalho, foi justamente o art. 927,[15] que trata da obrigação de indenizar. A norma faz referência expressa ao conceito concreto de ato ilícito, referindo-se expressamente aos arts. 186 e 187 do Código Civil, porém não traz os limites do que é considerado dano ou a extensão da sua reparação. Esse conteúdo aberto de dano será oportunamente analisado neste trabalho.

Verifica-se, portanto, uma inovação não apenas legislativa, mas uma inovação geral no sistema jurídico, que, visando manter-se atual, adota norma aberta que respeita os valores contemporâneos como formadores da norma jurídica. É consequência fundamental do desenvolvimento da sociedade o aprimoramento das instituições jurídicas de sociedades e civilizações passadas, permitindo a reconstrução da humanidade a partir do aprimoramento das suas próprias invenções, instituições e cultura.[16]

Um dos maiores jusfilósofos brasileiros, Miguel Reale, ao elaborar a sua teoria tridimensional, inseriu o valor – em conjunto com o fato e a norma – como um terceiro gênero de objeto essencial da constituição do Direito:

> [...] o direito "não é puro fato, nem pura norma, mas é o fato social na forma que lhe dá uma norma racionalmente promulgada por uma autoridade competente segundo uma ordem de valôres".
>
> [...]
> Essa compreensão da problemática jurídica pressupõe a consideração do valor como objeto autônomo, irredutível aos objetos ideais, cujo prisma é dado pela categoria do ser. Sendo os valôres fundantes do dever ser, a sua objetividade é impensável sem ser referida ao plano da história, entendida como "experiência espiritual", na qual são discerníveis certas constantes axiológicas, expressões de um valor fonte (a pessoa humana) que condiciona tôdas as formas de convivência juridicamente ordenada (historicismo axiológico).
>
> Conseqüentemente, reformulação do conceito de experiência jurídica como modalidade de experiência histórico-cultural, na qual o valor

---

[15] Código Civil: Art. 927 Aquele que, por ato ilícito (arts. 186 e 187), causar dano a outrem, fica obrigado a repará-lo. Parágrafo único. Haverá obrigação de reparar o dano, independentemente de culpa, nos casos especificados em lei, ou quando a atividade normalmente desenvolvida pelo autor do dano implicar, por sua natureza, risco para os direitos de outrem.

[16] HIRONAKA, Giselda Maria Fernandes Novaes. *Responsabilidade pressuposta*. Belo Horizonte: Del Rey, 2005. p. 44-45.

atua como um dos fatôres constitutivos dessa realidade (função ôntica) e, concomitantemente, como prisma de compreensão da realidade por êle constituída (função gnoseológica) e como razão determinante da conduta (função deontológica).[17]

O internacionalmente festejado jurista propõe que o Direito se assenta sobre um tripé fundamental: fato, valor e norma. A teoria parte do pressuposto que o Direito surge do homem em sua vivência, sendo um fenômeno social. A indistinção entre fato e fato jurídico existe na origem da sociedade como fato cotidiano, sendo que o desenvolvimento agrega a esse fato um volume de consciência, despregado da simples existência física.[18]

A partir da valoração dos fatos, que é o objeto fundamental dessa pesquisa e será a seguir analisado muito mais detidamente, surge a norma, uma "intuição normativa do Direito" como expressão concreta do que seria justo. Trata-se do encontro do justo com o caso concreto faz surgir a norma, que seria a medida concreta do que é valioso no plano da conduta social.[19]

Logo, o Direito é formado por valores que que eventualmente passaram a ser dotados de uma dimensão material. Um valor não tem uma dimensão ontológica própria e autônoma, sendo uma espécie de paradigma social referencial dos indivíduos. Todavia, ainda que não existam autonomamente, os valores podem ser materializados por meios das normas jurídicas, que estabelecem um "dever ser" da sociedade em geral a partir do reconhecimento da sua relevância pelo grupo.[20]

1.2 A formação de valores – uma reflexão sobre o que foi e o que hoje é

De tempos em tempos o "retorno ao passado" é exaltado, com as pessoas olhando para um momento histórico sombrio e defendendo o seu retorno. Esse é um comportamento comum, resultado do medo

---

[17] REALE, Miguel. *Teoria tridimensional do Direito*. São Paulo: Saraiva, 1968. p. 75-79.
[18] REALE, Miguel. *Filosofia do Direito*. 20 ed. São Paulo: Saraiva, 2013.
[19] REALE, Miguel. *Filosofia do Direito*. 20 ed. São Paulo: Saraiva, 2013.
[20] DELGADO, Mário Luiz. *Novo direito intertemporal brasileiro*: da retroatividade das leis civis: problemas do direito intertemporal no Código Civil – doutrina e jurisprudência. 2. ed. São Paulo: Saraiva, 2014. p. 213-214.

daquilo que é desconhecido e do conforto do que se conhece. Nesse cenário, é oportuno – em um trabalho acadêmico – olharmos o que já fomos e até onde chegamos.

Vivenciamos um momento em que se tenta uma releitura da história contemporânea do Brasil, marcada por discussões politicamente inflamadas, com alguns defendendo um período negro de brutalidade estatal sem qualquer pudor. É diante desses fatos que a compreensão da fixação de valores atuais em relação ao passado se torna relevante.

Em revisão histórica, Giselda Maria Fernandes Novaes Hironaka afirma que já na Grécia Antiga existia a distinção entre o mundo humano (que abrangia o Direito) e o mundo natural:

> Há uma diferença entre o mundo humano e o mundo natural: o homem é esse ser que instaura o contingente, o possível, no mundo, ao passo que a Natureza é uma ordem imutável regida por leis naturais. O homem é o único ser natural que causa um desequilíbrio nesse *cosmos* quando instaura o artifício e a instituição. As leis e os costumes dos homens são instituição, artifício, convenção, algo que não existe na Natureza, originalmente.[21]

Logo, o homem é biologicamente um animal, porém distinto dos demais seres viventes na natureza, por ser capaz de moldar o seu ambiente. Após as barbaridades praticadas no curso da II Guerra Mundial, a humanidade, chocada, escandalizada e assustada, por meio da Assembleia Geral das Nações Unidas, em 10 de dezembro de 1948, publicou a Declaração Universal dos Direitos Humanos (DUDH), que toma como um dos seus fundamentos "o reconhecimento da dignidade inerente a todos os membros da família humana e de seus direitos iguais e inalienáveis é o fundamento da liberdade, da justiça e da paz no mundo".[22]

---

[21] HIRONAKA, Giselda Maria Fernandes Novaes. *Responsabilidade pressuposta*. Belo Horizonte: Del Rey, 2005. p. 49-50.
[22] ORGANIZAÇÃO DAS NAÇÕES UNIDAS. *Declaração Universal dos Direitos Humanos*. Nova York: Assembleia Geral das Nações Unidas, 1948. A DUDH também fixa alguns dos seguintes direitos inerentes à condição humana: "Artigo 1 - *Todos os seres humanos nascem livres e iguais em dignidade e direitos*. São dotados de razão e consciência e devem agir em relação uns aos outros com espírito de fraternidade. Artigo 2 - 1. Todo ser humano tem capacidade para gozar os direitos e as liberdades estabelecidos nesta Declaração, sem distinção de qualquer espécie, seja de raça, cor, sexo, língua, religião, opinião política ou de outra natureza, origem nacional ou social, riqueza, nascimento, ou qualquer outra condição [...]. Artigo 3 - Todo ser humano tem *direito à vida, à liberdade* e à segurança pessoal. Artigo 4 - *Ninguém será mantido em escravidão ou servidão*; a escravidão e o tráfico

Os direitos mencionados na DUDH não surgiram apenas em 1948. Eles são a soma de esforços da evolução humana ao longo de milhares de anos, a partir de comportamentos aperfeiçoados – e até codificados – em todo o seu passado, por todo o mundo.

Se os direitos são universais, a escravidão, por exemplo, não poderia ter existido, porém – no Brasil – ela só foi abolida em 13 de maio de 1888, mesmo quando a Constituição de 1924 afirmou a inviabilidade da liberdade como garantia fundamental do cidadão. A prática era tão comum que até mesmos as clássicas civilizações grega e romana, tidas por tão avançadas, coexistiram com a escravidão, em maior ou menor forma.

Se a escravidão hoje é algo superado (ou pelos menos deveria sê-lo), o mesmo não pode ser dito quanto às violações do direito à vida, já que diversos países ainda mantêm em seus sistemas jurídicos a pena de morte, inclusive na Constituição Brasileira, ainda que excepcionalmente, em caso de guerra externa.

É justamente o amadurecimento do valor vida que vem conformando os sistemas jurídicos civilizados no sentido de abolir a pena capital. A compreensão de que a vida é fundamental à própria humanidade vem estendendo a discussão jurídica sobre a vida para além da mera garantia formal, para se assegurar uma vida com dignidade.

A partir do ideário kantiano, de *Sein* (ser) e *Sollen* (dever ser), podemos concluir que os valores não são objetos ideais ou culturais, mas objetos derivados e complexos que integral o ser e o dever ser. Percebe-se, portanto, que o valor é intrinsicamente ligado à cultura vigente em uma determinada sociedade, uma tábua espécie de tábua de valores de uma determinada época.[23]

Com certeza, ao ser redigido, o artigo 2º da DUDH não se pensou na sua relevância para a causa LGBTQIA+ atualmente. O reconhecimento da entidade humana, apesar da sua sexualidade biológica, é o aperfeiçoamento dos valores humanos a partir de um paradigma de binaridade sexual, com papéis distintos. A igualdade entre homens e mulheres foi o pontapé inicial para que o gênero não seja um elemento distintivo de qualificação.

---

de escravos serão proibidos em todas as suas formas [...]. Artigo 7 - *Todos são iguais perante a lei e têm direito, sem qualquer distinção, a igual proteção da lei.* Todos têm direito a igual proteção contra qualquer discriminação que viole a presente Declaração e contra qualquer incitamento a tal discriminação" (grifos nossos).

[23] REALE, Miguel. *Filosofia do Direito*. 20. ed. São Paulo: Saraiva, 2013.

Os valores sociais flutuam de acordo com o tempo e o espaço e, consequentemente, não são iguais em todos os agrupamentos populacionais. A cultura é formada por encontros e esbarros metafóricos, em que um ser humano aprende e forma com o outro a sua arte de viver.

Como os valores sociais se alteram com o tempo e pelas ações dos grupos populacionais, a formação dos valores jurídicos não é uniforme em todo o mundo. Assim, o Direito que se adequa como uma boa luva em determinado agrupamento humano pode não ter a mesma aceitação em outro, posto que aquela norma pode não refletir os seus valores sociais. Aluísio Iunes Monti Ruggeri Ré afirma que, "como ocorre em todas as ciências humanas, não existe posicionamento certo ou errado, senão adequado ou inadequado, pertinente ou impertinente. [...] Aquilo que o ser manifesta para um sujeito pode não coincidir com o que representa para outro".[24]

Carlos Aberto Bittar Filho entende que a coletividade é o agrupamento de indivíduos em determinado território, unidos por fatores comuns, cooperando entre si para a consecução de um objetivo. Os motivos dessa cooperação podem ser meramente utilitaristas ou emocionais, porém, independentemente da causa, tem como resultado a construção do tecido social, que são os valores coletivos.[25]

Especificamente, no campo da responsabilidade civil, onde o presente trabalho se insere, o jurista italiano Pier Giuseppe Monateri faz oportuna reflexão:

> Seguramente, o direito da responsabilidade civil, enquanto Direito Vivente em constante evolução, não pode prescindir dos valores e dos sentimentos compartilhados geralmente em dado período histórico. Por isso, um primeiro critério que guia a atuação das Cortes é seguramente aquele de tornarem-se intérpretes de tais sentimentos sociais e, assim, traduzir como regras técnicas as necessidades reconhecidas de compensação em determinados casos.
>
> Exatamente enquanto Direito Vivente, a responsabilidade civil não prescinde dos desenvolvimentos históricos de determinadas atividades sociais. Por isso, seria inútil alijar do campo da responsabilidade civil cada consideração atinente a uma avaliação dos aspectos morais da conduta do réu. Tais considerações entram inevitavelmente em jogo na

---

[24] RÉ, Aluísio Iunes Monti Ruggeri. *A reponsabilidade civil como um sistema aberto*: a remodelação do instituto pelo código civil vigente (uma abordagem constitucional do tema). São Paulo: Lemos e Cruz, 2007. p. 27.

[25] BITTAR FILHO, Carlos Alberto. Do dano moral coletivo no atual contexto jurídico brasileiro. *Portal Jus Navigandi*, [s. l.], 17 jan. 2005.

análise jurisprudencial de vários casos de responsabilidade por culpa ou por dolo: afinal as Cortes devem, de qualquer modo, ser também órgãos representativos da opinião pública, na condução do desenvolvimento do Direito.[26]

A teoria do "Diritto Vivente", referida por Monateri na citação acima, é uma espécie de dicotomia jurídica que tem como paradigma o Direito positivado. Enquanto este seria o direito escrito, incapaz de alteração pela realidade e apenas passível de modificação pelo legislador, o Direito Vivente seria o direito em contínua evolução refletindo os valores expressos por toda a sociedade, conformando-se nas figuras do "biodireito" e da "biopolítica", que seriam o direito e a política em sincronia com a "vida".[27]

A ideia de um direito vivo é desenvolvida por Eligio Resta a partir da análise de elementos indicativos de efetiva vida do Direito, quais sejam: vida, corpo, técnica, arquivo, verdade e processo. Reflete o autor no sentido de que

> antes da vida tornar-se parte do campo visível da regulação jurídica, o próprio direito foi quem fixou o paradigma daquilo que é vivente. Foi a cultura jurídica que cunhou a fórmula que valida o direito vivente e que, mesmo hoje sendo utilizada com bastante facilidade, contraria o seu significado. [...] Trate-se de *governo das leis* ou de *governo dos homens*, ou da mistura que se dá entre o *nomos* e a *decisão*, isso [em relação do direito vivente] dependerá do destaque que lhe é dado pela cultura jurídico-política, de tempos em tempos, não sem alguma contrariedade. Não se trata, portanto, de um processo metafórico, nem apenas de pura iconografia: pode-se dizer que se trata daquilo que Blumenberg chamou de "metáfora viva", que, não por acaso, "vive" e se anima na linguagem.[28]

---

[26] MONATERI, Pier Giuseppe. Natureza e finalidades da responsabilidade civil. Tradução de Flávio Tartuce e Giuliana Giannessi. *Revista de Direito do Consumidor*, São Paulo, ano 26, n. 112, jul./ago. 2017.

[27] RESTA, Eligio. *Diritto vivente*. Roma: Laterza, 2014.

[28] No original: "Prima che la vita diventasse il campo visibile della regolazione giuridica, il diritto stesso aveva elaborato per sé il paradigma del vivente. La cultura giuridica ne ha coniato persino la formula, che è quella del diritto vivente, e oggi essa viene usata persino con una certa disinvoltura che tradisce spesso il suo senso. [...] Che si tratti di governo della legge o di governo degli uomini, che la misura sia il nomos o la decisione, dipende dall'accento che la cultura giuridico-politica ha voluto, di volta in volta, sottolineare, non senza qualche tradimento. Non si tratta peraltro di un processo metaforico, né soltanto di pura iconografia: se mai potrebbe trattarsi di quella che Blumenberg ha chiamato la 'metafora viva' che, non a caso, 'vive' e si anima nel linguaggio. (RESTA, Eligio. *Diritto vivente*. Roma: Laterza, 2014.)

A partir da análise da interação dos elementos indicados por Eligio Resta é possível, de forma simplificada, concluirmos que o direito vivente nasce da interação entre a jurisprudência e a consciência social, cabendo à doutrina jurídica a formação e a exteriorização desta consciência.[29]

O direito vivente é a contraparte do Direito em relação ao formalismo legislativo, que é incapaz de reproduzir o desenvolvimento da sociedade, cada vez mais rápido. Faz-se preciso, portanto, e com a maior premência, que o legislador cada vez mais se utilize de sistemas com cláusulas abertas, que permitam aos magistrados, em suas decisões, não apenas materializarem o direito. É mister também permitir que os indivíduos, em suas relações horizontais, convivam entre si, solucionando conflitos e comportando-se de acordo com aquilo que é de fato a realidade social em que estes se inserem.

No Brasil, Caio Mário da Silva Pereira, por sua vez, reflete que o Direito do futuro será necessariamente diferente do direito do passado, em função da constante mutação (*perpetuo mobile*) da sociedade em permanente evolução, resultando na transformação de conceitos jurídicos clássicos recebidos de civilizações passadas, porém graciosamente herdados pelas gerações futuras segundo os seus próprios valores.[30]

Não se nega aqui o valor da lei como instrumento de direcionamento social, porém o rumo a ser seguido deve alinhar-se com a vida da sociedade na busca efetiva pela Justiça (biopolítica). A segurança jurídica introduzida pelo instrumento legislativo é de grandeza significativa, porém ela deverá limitar ao mínimo possível a mutabilidade social, em especial em matéria de Direito Civil, sob pena de engessamento da sociedade.

Por todo o exposto, se faz lícito concluir que o Direito propriamente dito se efetiva como um ideário partilhado, e o seu modificar – uma nova criação, portanto – sempre se dará de acordo com aquilo que passar a ser considerado um novo valor coletivo (dever kantiano), o que deverá dar azo a um equilíbrio social. A perturbação desse equilíbrio social leva ao rompimento do grupamento humano, resultando em tirania e/ou insurreições, que sempre buscarão a prevalência dos seus mitos partilhados sobre os dos demais integrantes do agrupamento.

---

[29] RESTA, Eligio. *Diritto vivente*. Roma: Laterza, 2014.
[30] PEREIRA, Caio Mario da Silva. *Direito civil*: alguns aspectos de sua evolução. Rio de Janeiro: Forense, 2001. p. ix-x.

Podemos observar que a homogeneização dos valores sociais, para que se tornem universais, é acelerada por determinados avanços tecnológicos. A prensa tipográfica inventada por Gutenberg no século XV, por exemplo, foi responsável pela propagação de ideias que outrora não alcançariam determinados lugares do mundo. Esses livros viajam muito mais longe e muito mais intensamente que os seus autores, porém, levando consigo reflexões e valores que levariam muitos anos para se propagar.

Hoje, experimentamos uma nova revolução, a digital. Se no século XX as fronteiras ficaram mais próximas pelo desenvolvimento dos meios de transporte, permitindo o deslocamento dos seres humanos por todo o mundo, hoje, com a existência de uma rede mundial de computadores, a comunicação é virtual e instantânea com qualquer outro ser humano do planeta. Essa realidade, sem dúvidas, vem moldando novos comportamentos e difundindo valores cada vez mais rápido junto às novas gerações, que já nascem conectadas com "todo o mundo".

A consequência disso é que os valores humanos, para permitir essa interconexão, tendem a ser cada vez mais similares, viabilizando a boa convivência humana e refletindo diretamente no Direito, diminuindo significativamente as diferenças entre os sistemas jurídicos dos distintos países do mundo.

CAPÍTULO 2

RESPONSABILIDADE CIVIL E O SEU ESTADO DA ARTE

Já asseveramos que o Direito é uma ciência em constante atualização. Diferentemente da física ou da matemática, onde o cientista "descobre" aquilo que existe na natureza, o cientista jurídico, ou jurista, observa a mutação do organismo jurídico refletindo a interiorização de valores sociais difundidos na sociedade.

Dentro do Direito, a responsabilidade civil é um ramo que é afetado significativamente pela oscilação geográfica e temporal dos valores humanos. Os bens jurídicos protegidos não mais comportam um arrolamento *numerus clausus*, exigindo uma compreensão do seu conteúdo em determinado momento do tempo, daí falar-se em "estado da arte".

Ao longo da história os bens protegidos e as penalidades impostas aos violadores dos direitos vêm mudando significativamente, proibindo o que já foi aceitável e permitindo – ou até estimulando – aquilo que já foi censurado.

Um exemplo interessante que podemos expor é a liberdade de impressão no Brasil. Se no passado recente a imprensa foi submetida a um órgão censor, atualmente, com a proliferação gigante de sites de notícias, experimentamos um exagero de informação que inviabilizaria qualquer tipo de controle prévio.

Essa realidade de universalização de acesso fez surgir modelos de autorregulação, que aplicam os valores sociais para determinar quem deve acessar aquele tipo de conteúdo. Um exemplo mais clássico é o Conselho Nacional de Autorregulamentação Publicitária (CONAR), que exerce uma função de *compliance* dentro da publicidade.

Giselda Maria Fernandes Novaes Hironaka, refletindo sobre a inadequação do sistema clássico de responsabilidade civil afirma que

> o sistema expõe a sua crise, incorpora transformações, busca adequar-se às novas realidades, às novas descobertas, aos novos desafios de um mundo completamente distinto do mundo de apenas três ou quatro décadas antes. O sistema expõe a sua entranha e revela-se maior do que a moldura a que esteve subsumido até aqui. Reclama revisão de princípios e conceitos, reclama sua própria reorganização; reclama um novo matiz menos preconceituoso, menos matemático, mas muito mais humanizado.[31]

Sem dúvidas as clássicas lições de responsabilidade civil já não mais são suficientes para atender a humanidade em que ela se insere. Com esse *savoir-faire*, lançar olhos para o passado nos permite "prever" um possível futuro para a responsabilidade civil, não apenas no Brasil, mas no mundo.

2.1 Breve escorço histórico da Responsabilidade Civil

A noção de responsabilidade no Direito surge quando há o descumprimento de uma obrigação, legal ou moral, por parte de um indivíduo. Não é preciso que haja necessariamente um prejuízo, porém a própria violação da norma é suficiente para instaurar as diversas instâncias da responsabilidade, seja civil, penal ou administrativa, conforme for o caso.

Se esse é o modelo contemporâneo, que será mais bem analisado em tópicos futuros, optamos por tratar da história que nos trouxe até esse momento. Poucos institutos jurídicos evoluem mais que a responsabilidade civil, que sofreu um agigantamento em função da transformação do "tecido social", capaz de cada vez gerar mais vítimas e, consequentemente, exige o seu pronto socorro por alguém responsável pelo dano.[32]

No passado, a regra geral era aquilo que conhecemos como pena de Talião, correspondente à locução "olho por olho, dente por dente".

---

[31] HIRONAKA, Giselda Maria Fernandes Novaes. *Responsabilidade pressuposta*. Belo Horizonte: Del Rey, 2005. p. 2.
[32] HIRONAKA, Giselda Maria Fernandes Novaes. *Responsabilidade pressuposta*. Belo Horizonte: Del Rey, 2005.

Esse é um comportamento instintivo humano, que balanceia uma noção de vingança com uma espécie de Justiça. Logo, se um indivíduo cause danos a outro, é justo que a ele seja imposta a mesma medida de sofrimento. Segundo Giselda Maria Fernandes Novaes Hironaka, o período de Talião "caracterizou-se pela ocorrência do castigo contra a violência perpetrada com a devolução da mesma violência. Quando não, pela devolução de uma violência ainda maior".[33]

A responsabilidade civil como conhecemos hoje, todavia, tem o seu gérmen no Direito Romano, que no período da República, fez nascer a Lei das XII Tábuas e, posteriormente, a *Lex Aquilia de Damno*, referenciais teóricos fundamentais para o desenvolvimento da disciplina. Afirma Caio Mario da Silva Pereira que o Direito Romano não chegou a construir uma teoria da responsabilidade civil de forma objetiva. A disciplina nasce "no desenrolar de casos de espécie, decisões dos juízes e dos pretores, respostas dos jurisconsultos, constituições imperiais que os romanistas de todas as épocas, remontando às fontes e pesquisando os fragmentos", resultando na sistematização dos seus conceitos. Isso de fato é um reflexo do Direito Civil como um todo, que é essencialmente romanista.[34] Assim, a responsabilidade atual é fruto do desenvolvimento de uma sociedade – e consequentemente de um sistema jurídico – com milhares de ano de transformação.

A Lei das XII Tábuas significa o fim da vingança privada, sendo uma resposta aos pleitos dos plebeus romanos insatisfeitos com a aplicação do Direito pelos pontífices, impondo ao ofensor e ao ofendido uma solução voluntária ou uma solução estatal.[35] Nesse momento, ainda

---

[33] HIRONAKA, Giselda Maria Fernandes Novaes. *Responsabilidade pressuposta*. Belo Horizonte: Del Rey, 2005. No mesmo sentido: "Na pré-história da responsabilidade civil, pode-se situar a vingança como a primeira forma de reação contra comportamentos lesivos. Na ausência de um poder central, a vendeta era levada a efeito pela própria vítima ou pelo grupo ao qual pertencia. O passo sucessivo foi a Lei de Talião: olho por olho, dente por dente – típico da tradição bíblica –, a qual, não obstante o seu rigor, tratava-se indubitavelmente de um temperamento dos costumes primitivos, em função da proporcionalidade do castigo. Apenas em um momento posterior a estas primitivas formas de autotutela, deu-se início à compensação pecuniária, um acordo pelo qual a devolução de uma soma de dinheiro substituía tanto a vingança incondicional como a Lei de Talião. Neste ambiente nasce a responsabilidade civil, no sentido moderno da expressão, compreendida como obrigação de restituir ao ofendido uma soma em pecúnia com a função de sancionar o ofensor e satisfazer o ofendido (FARIAS, Cristiano Chaves de; ROSENVALD, Nelson; BRAGA NETTO, Felipe Peixoto. *Curso de Direito Civil*: responsabilidade civil. Salvador: Juspodivm, v. 3, 2014. p. 65).

[34] CRETELLA JÚNIOR, José. *Curso de Direito Romano*: direito romano colocado em paralelo com o direito civil brasileiro. 27. ed. Rio de Janeiro: Forense, 2002. p. 213.

[35] GIORDANI, Mario Curtis. *Iniciação do Direito Romano*. 3. ed. Rio de Janeiro: Lumen Juris, 1996. p. 97.

não existia uma distinção clara entre responsabilidade civil e penal, sendo possível a apreensão física do devedor pelo credor, subtraindo-se a liberdade deste quando não tivesse condições financeiras para arcar com o débito. Portanto, o foco da Lei das XII Tábuas era não a reparação do ofendido, mas a punição do ofensor.[36]

Até o advento da *Lex Poetelia Papiria*, existia no Direito Romano o *nexum*,[37] que era instituto que permitia ao credor promover a perda do *status libertatis* do devedor insolvente como forma de quitação do débito.[38]

José Carlos Moreira Alves pontifica que a escravidão poderia se dar pelo *ius gentium*, que se resumia à captura ou à descendência, e pelo *ius civile*, que – entre outras – incluía o devedor insolvente. A escravidão era uma espécie de *capis deminutio maxima*.[39] O fim da escravidão, por meio da *Lex Poetelia-Papiria*, contribuiu significativamente para o a fixação da responsabilidade civil como uma ferramenta ressarcitória.

É no final do século II a.C. que surge a *Lex Aquilia de Damno*, que fixa parâmetros de responsabilidade extracontratual para assegurar à vítima o direito a uma compensação pecuniária daquele que lhe impusesse dano. É curioso constatar que os danos e o seu ressarcimento eram taxativos, sendo impossível a indenização daquilo que expressamente não constasse da norma.[40]

Curiosamente, esse modelo de responsabilidade civil persiste no modelo italiano – herdeiro direto do Direito Romano – até os dias de hoje, obrigando a doutrina e a jurisprudência a procurarem mecanismos interpretativos para ampliação das espécies de danos indenizáveis na península italiana (legalidade estrita).

---

[36] FARIAS, Cristiano Chaves de; ROSENVALD, Nelson; BRAGA NETTO, Felipe Peixoto. *Curso de Direito Civil*: responsabilidade civil. Salvador: Juspodivm, v. 3, 2014. p. 66.

[37] José Carlos Moreira Alves, em análise do instituto, afirma que com relação ao *nexum*, tem-se apenas duas certezas: que era celebrado *aes et libram* (negócio solene) e que a situação dos devedores era bastante penosa. O autor ainda informa que, sobre o instituto, há duas correntes: uma primeira que acredita que o *nexum* é uma espécie de contrato de mútuo pelo qual o devedor se dava como garantia; e outra, dominante nos dias atuais, o *nexum* era um ato *aes et libram* em que o devedor se vendia ou se dava em penhor, não havendo consenso de o poder sobre o devedor se dava imediatamente a partir da celebração do negócio ou a partir do inadimplemento (ALVES, José Carlos Moreira. *Direito Romano*. 18. ed. Rio de Janeiro: Forense, 2018. p. 479).

[38] CORREIA, Alexandre; SCIASCIA, Gaetano. *Manual de Direito Romano*. 5. ed. Rio de Janeiro: Livros, Cadernos, [197-?]. Série Cadernos Didáticos. p. 42.

[39] CORREIA, Alexandre; SCIASCIA, Gaetano. *Manual de Direito Romano*. 5. ed. Rio de Janeiro: Livros, Cadernos, [197-?]. Série Cadernos Didáticos. p. 105-106; 128.

[40] SANTOS, Romualdo Baptista dos. Responsabilidade civil por dano enorme. Curitiba: Juruá, 2018. *Livro eletrônico*.

Foi na Idade Média que se consolidou a distinção entre responsabilidade civil como contraposto da responsabilidade penal, com o Estado a atuar a pedido do lesado e, na esfera civil, reparando a paz turbada ao lesado de maneira pecuniária, tendo a indenização duplo caráter, de pena e de reparação.[41] Giselda Maria Fernandes Novaes Hironaka defende que talvez a maior contribuição da Idade Média foi o cunho da expressão "responsabilidade civil", como matéria de conteúdo ético-jurídico.[42]

Apenas durante o período histórico conhecido por Iluminismo, cuja filosofia foi calcada no racionalismo, que floresceu a ideia de jusnaturalismo. Com ele, veio uma nova noção de responsabilidade civil a permear o Código Civil de Napoleão, responsável pela cristalização dos elementos fundamentais da responsabilidade civil: a conduta do agente (comissiva ou omissiva), a culpa em sentido amplo, o nexo de causalidade e o dano causado.

Esse diploma, o Código Napoleão, influenciado fortemente por Jean Domat,[43] é o grande referencial dos códigos modernos, confluindo, em 1804, ideais de responsabilidades históricos com os valores então contemporâneos dada sua importância na construção da teoria da responsabilidade civil, que enuncia a responsabilidade civil no seu art. 1.382: *"Tout fait quelconque de l'homme, qui cause à autrui um dommage, oblige celui par la faute duquel il est arrivé, à le réparer"*.[44] Assim, o dever de reparar se torna independente da exigência de "casos especiais" somente a partir do século XVIII, quando foi enunciado um *princípio geral*, "obrigando a reparar todos os danos que uma pessoa causar à outra por sua culpa".[45]

---

[41] FARIAS, Cristiano Chaves; ROSENVALD, Nelson; BRAGA NETTO, Felipe Peixoto. op. cit. p. 68-69.

[42] "Sob a hipótese do que hoje se convenciona denominar responsabilidade civil, a maior contribuição dessa fase cristã do desenvolvimento dos sistemas jurídicos é a própria criação do termo *responsabilitas*, que até então não existia. A responsabilidade propriamente dita é uma invenção do mundo cristão medieval, porque se trata de um termo da ética medieval que estabelece conexão direta com outra criação do período: a idéia de livre-arbítrio" (HIRONAKA, Giselda Maria Fernandes Novaes. *Responsabilidade pressuposta*. Belo Horizonte: Del Rey, 2005. p. 58).

[43] HIRONAKA, Giselda Maria Fernandes Novaes. *Responsabilidade pressuposta*. Belo Horizonte: Del Rey, 2005. p. 62-64.

[44] Em tradução livre: "Qualquer fato humano que cause a outrem um dano, fica obrigado, pela sua culpa, a repará-lo".

[45] PEREIRA, Caio Mario da Silva. *Direito civil*: alguns aspectos de sua evolução. Rio de Janeiro: Forense, 2001. p. 8

Esse modelo foi posteriormente adotado pela pelo direito pátrio na responsabilidade civil subjetiva. O Código Civil de 1916, estruturado por Clóvis Bevilaqua, por volta de 1899, foi fortemente inspirado no Código Napoleão, prevendo um sistema de responsabilidade civil com forte inspiração aquiliana, com fundamento na culpa.[46]

A Revolução Industrial foi um dos períodos de maior transformação da humanidade, que, em um pequeno intervalo histórico, viu ser transformado o seu modo de vida. Essa hodierna realidade veio acompanhada de novos eventos danosos, de maior complexidade e de alcance maciço.[47]

Esse vigente modelo de realidade exigiu uma atualização do avanço estrutural na responsabilidade civil, calcada no risco. A "Teoria do Risco" pretendia a responsabilização daqueles agentes que impunham danos derivados das novas realidades, desconectando-se da necessidade de existência de culpa, sob pena de enriquecimento sobre as lesões alheias.[48]

Percebe-se, nesse ponto, que a injustiça foi o elemento chave que forçou a mudança no sistema de responsabilidade civil. Diante da impossibilidade de se responsabilizar os infratores, que vinham enriquecendo com a "irresponsabilidade", o sistema se adequou buscando satisfazer um ideário de justiça solidária, retirando do infrator parcela do seu patrimônio em favor do ofendido, sem que houvesse a necessidade de demonstração de culpa (culpa presumida), conforme ensina Meirelle Delma-Marty.[49]

---

[46] HIRONAKA, Giselda Maria Fernandes Novaes. *Responsabilidade pressuposta*. Belo Horizonte: Del Rey, 2005. p. 58.

[47] JOSSERAND, Louis. Evolução da responsabilidade civil. *Revista Forense*, Rio de Janeiro, v. 86, n. 454, p. 548-559, 1941. p. 549.

[48] TARTUCE, Flávio. *Direito Civil*: direito das obrigações e responsabilidade civil. 12. ed. Rio de Janeiro: Forense, v. 2, 2017. p. 307.

[49] "O cenário está pronto para acolher o último ato que fundamenta abertamente, nos setores mais sensíveis, o direito da vítima a ser indenizada com base na ideia de garantia coletiva – é a ruptura com o autor –, enquanto o risco que implica a tomada de decisão o mantinha ativo, quando não em primeiríssimo lugar. Noutras palavras, chegou-se ao abandono, mesmo que a palavra ainda não desapareça totalmente da ideia de responsabilidade (responder por... a...), em proveito de uma solidariedade plenamente manifestada como tal. Do acidente de trânsito, objeto de uma lei [francesa] de 1985, ao acidente médico, levando em conta por uma lei [francesa] de 1991 que assegura a indenização coletiva das "vítimas" contaminadas por transfusão sanguínea, a escolha está clara e traz em si muito mais que uma mera mudança de terminologia." (DELMA-MARTY, Meirelle. *Por um direito comum*. Tradução de Maria Ermantina de Almeida Prado Galvão. São Paulo: Martins Fontes, 2004. p. 15-17).

No Brasil não foi diferente, com a transformação gradativa do sistema de responsabilidade calcada na culpa, que, passando pela culpa pressuposta,[50] culminaria na responsabilidade objetiva, totalmente autônoma da noção de culpa, nos casos expressos em lei.

A transição não foi rápida e nem fácil. De início os tribunais passaram a simplificar a prova da culpa, reconhecendo-a a partir da própria circunstância dos acidentes, para posteriormente alcançarmos a presunção da culpa, com a inversão do ônus da prova. Essa inversão permitia que a culpa, elemento fundamental da responsabilidade civil, permanecesse no sistema, porém o aproximava de um modelo de responsabilidade objetiva.[51]

Há que se lembrar, no entanto, até mesmo por honestidade científica, que o surgimento da responsabilidade objetiva se deu com o advento de diplomas legislativos próprios e assim deveria tê-lo sido, diferentemente do que ocorreu com o surgimento do dano moral, que conforme ainda trataremos, surgiu da transformação dos valores sociais.

2.2 Conceito Compreensivo de Responsabilidade Civil

Conforme já mencionamos, o Direito é fruto da inteligência humana. Ele se destina, precipuamente, a homogeneizar comportamentos que permitem a convivência maciça de indivíduos, coabitando em sociedade.

O estabelecimento de uma ordem jurídica tem por finalidade promover o lícito e reprimir o ilícito, elegendo signos positivos e negativos que devem ser adotados ou evitados pelos indivíduos na sociedade, resultando em conforto interrelacional. Em teoria, substitui-se a força individual pela inteligência coletiva.

---

[50] Alvino Lima, em sua obra de referência *Culpa e Risco,* sobre a culpa pressuposta ensina o seguinte: "As presunções de culpa consagradas na lei, invertendo o ônus da prova, vieram melhorar a situação da vítima, criando-se a seu favor uma posição privilegiada. Tratando-se, contudo, de presunções *juris tantum,* não nos afastamos do conceito de culpa clássica, mas apenas derrogamos um princípio dominante em matéria de prova. Tais presunções são, em geral, criadas nos casos de responsabilidades complexas, isto é, das que decorrem de fatos de outrem, ou do fato das coisas inanimadas. Fixadas por lei as presunções *juris tantum,* o fato lesivo é considerado, em si mesmo, um fato culposo e como tal determinará a responsabilidade do autor, se este não provar a ausência de causa estranha causadora de dano, como a força maior, o caso fortuito, a culpa da própria vítima ou o fato de terceiro" (LIMA, Alvino. *Culpa e Risco.* São Paulo: Revista dos Tribunais, 1960. p. 79.).

[51] CAVALIERI FILHO, Sergio. *Programa de responsabilidade civil.* 15. ed. São Paulo: Atlas, 2021.

Há três esferas distintas de regulação jurídica, a penal, a civil e a administrativa. Cada uma delas é cercada por uma designação e uma principiologia próprias, que podem resultar em três espécies diversas de ilícito: o ilícito penal, o ilícito civil e o ilícito administrativo.

Não obstante essa distinção o sistema jurídico tem como finalidade coibir o ilícito, incentivando comportamentos lícitos. Violado o dever jurídico, há o dever de reparação do dano. Até mesmo no Direito Penal, ramo do Direito assolado pela noção de privação da liberdade, aquele que comete um crime tem o dever, quando possível, de restituir a(s) vítima(s) ao seus *status quo ante*.[52]

O mesmo ocorre na responsabilidade administrativa, que determina o ressarcimento ao erário de todos os eventuais benefícios indevidos recebidos pelos agentes ou por terceiros, especialmente nos casos de ilícitos contra ela praticados.[53]

A noção de *neminem laedere* é um princípio fundamental do Direito que existe desde priscas eras. Essa noção foi muito bem expressa por Ulpiano, no Digesto: "Estes são os preceitos do direitos: viver honestamente, não causar dano a outrem e dar a cada um o que é seu".[54] Ensina Maria Celina Bodin de Moraes:

> Já a canônica finalidade de moralização da responsabilidade civil parece ter sido substituída, com vantagens, pela concepção que vislumbra no

---

[52] Dispõe o Código Penal Brasileiro: "Art. 91 São efeitos da condenação: I - tornar certa a obrigação de indenizar o dano causado pelo crime; [...] Art. 91-A. Na hipótese de condenação por infrações às quais a lei comine pena máxima superior a 6 (seis) anos de reclusão, poderá ser decretada a perda, como produto ou proveito do crime, dos bens correspondentes à diferença entre o valor do patrimônio do condenado e aquele que seja compatível com o seu rendimento lícito". Portanto, a lei penal faz expressa referência a reparação/restituição do fruto do ilícito.

[53] Dispõe a Lei 8.112, de 1990: "Art. 46 As reposições e indenizações ao erário, atualizadas até 30 de junho de 1994, serão previamente comunicadas ao servidor ativo, aposentado ou ao pensionista, para pagamento, no prazo máximo de trinta dias, podendo ser parceladas, a pedido do interessado [...]. Art. 47 O servidor em débito com o erário, que for demitido, exonerado ou que tiver sua aposentadoria ou disponibilidade cassada, terá o prazo de sessenta dias para quitar o débito". No mesmo sentido é a Lei 4.429, de 1992: "Art. 12 Independentemente do ressarcimento integral do dano patrimonial, se efetivo, e das sanções penais comuns e de responsabilidade, civis e administrativas previstas na legislação específica, está o responsável pelo ato de improbidade sujeito às seguintes cominações, que podem ser aplicadas isolada ou cumulativamente, de acordo com a gravidade do fato". Como se vê, mesmo sem ilícito, a restituição do erário é medida que se impõe.

[54] No original: *"Iuris praecepta sunt haec: honeste vivere, alterum non laedere, suum cuique tribuere"* (ULPIANO. *Corpus Juris Civilis*: Digesto. Tradução de Edilson Alkmin Cunha. Brasília, DF: TRF1, ESMAF, 2010. p. 27)

instituto a presença, e a consequente realização, de um dever geral de solidariedade, também hoje previsto constitucionalmente (CF, Art. 3º, I) e que se encontra na base do aforismo multissecular do *neminem laedere*, isto é, da obrigação de se comportar de modo a não lesar os interesses de outrem. Trata-se aqui de tomar consciência de importante atualização de fundamento, fruto daquela historicidade, imprescindível à ciência jurídica, que se permite atribuir novo conteúdo a conceitos radicados.[55]

Assim, a regra não é apenas indenizar os danos, mas esforçar-se no sentido de abstenção de causar dano. Todavia, havendo dano, nasce a obrigação de repará-lo, conforme já ensinava Silvio Rodrigues, ainda sob a égide do revogado Código Civil de 1916.[56] A responsabilidade civil, nessa toada, é a disciplina jurídica que regula o dever de reparação dos danos, como também nos ensina Caio Mario da Silva Pereira:

> A *responsabilidade civil* consiste na efetivação da reparabilidade abstrata do dano em relação a um sujeito passivo da relação jurídica que se forma. Reparação e sujeito passivo compõem o binômio da *responsabilidade civil*, que então se enuncia como o *princípio que subordina a reparação à sua incidência na pessoa do causador do dano.*[57]

Sérgio Cavalieri Filho conceitua responsabilidade civil como "um dever jurídico sucessivo que surge para recompor o dano decorrente da violação de um dever jurídico originário".[58] Por sua vez, Romualdo Baptista dos Santos, consolidando diversos conceitos – clássicos e contemporâneos – propõe o seguinte conceito de responsabilidade civil:

> Portanto, nesse quadrante de sua evolução dogmático-conceitual, a responsabilidade civil emerge, em sua versão moderna, como sinônima

---

[55] MORAES, Maria Celina Bodin de. *Na medida da Pessoa Humana*: estudos de Direito Civil Constitucional. Rio de Janeiro: Renovar, 2010. p. 324.

[56] "A responsabilidade civil vem definida por Savatier [...] como a obrigação que pode incumbir uma pessoa a reparar o prejuízo causado a outra, por próprio fato, ou por fato de pessoas ou coisas que dela dependam. Realmente o problema em foco é o de saber se o prejuízo experimentado pela vítima deve ou não ser reparado por quem o causou. Se a resposta for afirmativa, cumpre indagar em que condições e de que maneira será tal prejuízo reparado. Esse é o campo que a teoria da responsabilidade civil procura cobrir" (RODRIGUES, Silvio. *Direito Civil*: responsabilidade civil. 9. ed. São Paulo: Saraiva, v. 4, 1985. p. 6.).

[57] PEREIRA, Caio Mario da Silva. *Responsabilidade civil*. 12. ed. atual. por Gustavo Tepedino. Rio de Janeiro: Forense, 2018. p. 14.

[58] CAVALIERI FILHO, Sergio. *Programa de responsabilidade civil*. 15. ed. São Paulo: Atlas, 2021.

do dever de reparar os danos causados, fazendo-se abstração, inclusive, do dever primário de não causar danos, que é comum a todas as modalidades de responsabilidade jurídica.⁵⁹

Destarte a responsabilidade civil não se encontra limitada aos artigos 186 e 927 do Código Civil, mas deve ser lida como um microssistema jurídico. A doutrina contemporânea caminha para um novo sistema de prevenção de danos, substituindo sua vocação retrospectiva por um modelo de efetiva prevenção de danos.⁶⁰

Romualdo Baptista dos Santos tece brilhante reflexão sobre o estado da arte:

> De modo geral, a doutrina explica o modelo de responsabilidade civil como uma relação retrospectiva. O dano é um fato que se liga a outro fato pretérito em termos de causalidade e esse fato se prende a alguma pessoa em nexo de imputação, ora pela culpa, ora pelo risco. Observa-se que a mesma estrutura serve para a teoria da culpa e para a do risco, apenas com uma variável relativa à imputação. No entanto, é indispensável perceber que a teoria do risco não é apenas um complemento à teoria da culpa nem pode tampouco assumir a mesma estrutura.
>
> [...] Considerando que o risco é indissociável da precaução, a responsabilidade objetiva incorpora deveres precautórios. Quem desenvolve uma atividade é responsável, *a priori*, devendo se antecipar aos danos, seja para evitá-los, seja para não agravá-los, seja para repará-los. Se os danos são pressupostos, os deveres que a eles se relacionam também o são, pois seria pouco inteligente aguardar que os danos já pressupostos se concretizassem para sair à caça do responsável.
>
> A responsabilidade civil pelo risco da atividade é eminentemente precautória e, portanto, prospectiva, pela simples e boa razão de que se trata de responsabilidade pela atividade e não pelo dano. Quem

---

⁵⁹ SANTOS, Romualdo Baptista dos. *Responsabilidade civil por dano enorme*. Curitiba: Juruá, 2018.

⁶⁰ "Concluindo, deslocando-se o objeto da responsabilidade civil para o cuidado com outrem, vulnerável e frágil, será possível responsabilizar alguém como sujeito capaz de se designar por seus próprios atos – portanto agente moral apto a aceitar regras –, como substituir a ideia de reparação pela precaução, na qual o sujeito será responsabilizado pelo apelo à virtude da prudência. Ao invés da culpa e da coerção, a responsabilidade encontra novo fundamento moral na circunspecção – e porque não, no cuidado –, reformulando, portanto, a sua velha acepção, levando-a para longe do singelo conceito inicial de obrigação de reparar ou sofrer uma pena. A responsabilidade mantém a sua vocação retrospectiva – em razão da qual somos responsáveis pelo que fizemos – acrescida de uma orientação prospectiva, imputando-nos a escolha moral pela virtude, sob pena de nos responsabilizarmos para o futuro" (FARIAS, Cristiano Chaves de; ROSENVALD, Nelson; BRAGA NETTO, Felipe Peixoto. *Curso de Direito Civil*: responsabilidade civil. Salvador: Juspodivm, v. 3, 2014. p. 45.)

desempenha uma atividade já é responsável por ela desde logo, devendo agir por antecipação aos danos, em razão dos riscos que lhe são inerentes. A não ser assim, tratar-se-ia de simples responsabilidade pelos danos, sob a mesma estrutura da responsabilidade subjetiva, apenas dispensando a vítima de provar que houve negligência, imprudência ou imperícia.

Também sob esse aspecto, a teoria da responsabilidade civil reflete a mudança de paradigma em seu patamar ético, no sentido de que o sujeito ético é o responsável em razão da vulnerabilidade do outro, antes mesmo que o dano se concretize.[61]

A Constituição da República Federativa do Brasil (CRFB/1988), o Código de Defesa do Consumidor (CDC), a Consolidação das Leis do Trabalho (CLT), além de outros diplomas legais – incluindo-se tratados internacionais – expandiram os horizontes da responsabilização civil para muito além da dicotomia dos artigos 186 e 927 do Código Civil, exigindo uma análise sistemática da disciplina.[62]

O solidarismo, como objeto da República nos termos do art. 3º, III, da Constituição, é uma ideia de justiça derivada direta da dignidade da pessoa humana, fundamento da República Federativa do Brasil, inserida no artigo 1º, III, da Constituição Federal. Hodiernamente esses fundamentos constitucionais são suscitados de forma leviana, em toda e qualquer manifestação, jurídica ou social. O efeito de tal comportamento é o esvaziamento da noção de dignidade da pessoa humana e, consequentemente, de responsabilidade civil, que precisam ser adequadamente reposicionadas quando consideramos todo o sistema jurídico.[63] Afirma Maria Celina Bodin de Moraes:

---

[61] SANTOS, Romualdo Baptista dos. *Responsabilidade civil por dano enorme*. Curitiba: Juruá, 2018.

[62] "O sistema de direito civil brasileiro é composto, no plano legislativo, pelas normas constitucionais (regras e princípios), como núcleo ou centro; gravitando em torno, estão o Código Civil, a legislação civil especial e o direito material das relações civis dos microssistemas jurídicos. É a Constituição, e não mais o Código Civil, que dá unidade ao sistema. Mas é importante notar que a via é de mão dupla, pois a aplicação das normas constitucionais entre os particulares é alimentada pelos conteúdos dos princípios do Direito Civil que se consolidaram na sociedade, os quais, por sua vez, são conformados aos valores constitucionais. A constitucionalização do direito civil 'marca a interface entre os direitos fundamentais e a matéria que constitui a substância do direito civil' e o Código Civil é uma importante fonte de interpretação da Constituição, na medida em que os princípios daquele 'vão intervir, de maneira mais ou menos direta, na interpretação da Constituição e vão permitir assim de enriquecer e desenvolver seu conteúdo'" (LOBO, Paulo Luiz Netto. Direito Civil Constitucional. *Cadernos da Escola de Direito*, Curitiba, v. 2, n. 13, p. 1-31, 2010).

[63] MORAES, Maria Celina Bodin de. *Na medida da Pessoa Humana*: estudos de Direito Civil Constitucional. Rio de Janeiro: Renovar, 2010. p. 58-61.

De acordo com o que estabelece o texto da Lei Maior, a configuração do nosso Estado Democrático de Direito tem por fundamentos a dignidade humana, a igualdade substancial e a solidariedade social, e determina, como sua meta prioritária, a correção das desigualdades sociais e regionais, com o propósito de reduzir os desequilíbrios entre as regiões do País, buscando melhorar a qualidade de vida de todos os seus cidadãos. A expressa referência à solidariedade, feita pelo legislador constituinte, longe de representar um vago programa político ou algum tipo de retoricismo, estabelece um princípio jurídico inovador em nosso ordenamento, a ser levado em conta não só no momento da elaboração da legislação ordinária e na execução das políticas públicas, mas também nos momentos de interpretação-aplicação do Direito, por seus operadores e demais destinatários, isto é, pelos membros todos da sociedade.[64]

Ciente desse desafio o legislador adotou na legislação brasileira um sistema de cláusula aberta, ciente do fato de que vivemos em uma sociedade de risco, como muito bem apontou Ulrich Beck.[65] Se o legislador optou por tal sistema, o fez justamente por ter ciência inequívoca que o sistema de responsabilidade civil precisa ser constantemente atualizado, refletindo o espírito da sociedade, sem necessidade de um processo legislativo lento e demorado, que não consegue acompanhar o passo social.[66]

Diante de tudo isso, analisados os conceitos clássicos e os novos ideários constitucionais em sede de responsabilidade civil, constatamos que os conceitos clássicos, repressivos, já são deveras imperfeitos, exigindo um conceito contemporâneo, que – em síntese – entendem a

---

[64] MORAES, Maria Celina Bodin de. O Princípio da Solidariedade. *In*: PEREIRA, Antônio Celso Alves; MELLO, Celso Renato Duvivier de Albuquerque. *Estudos em homenagem a Carlos Alberto Menezes Direito*. Rio de Janeiro: Renovar, 2003.

[65] BECK, Ulrich. *Risk Society*: Towards a New Modernity. New Delhi: Sage, 1992, *passim*.

[66] "Quanto ao aumento das hipóteses de ressarcimento, sabe-se que a responsabilidade civil é um dos instrumentos jurídicos mais flexíveis, dotados de extrema simplicidade, estando apto a oferecer a primeira forma de tutela a interesses novos, considerados merecedores de tutela tão logo sua presença seja identificada pela consciência social, e que de outra maneira ficariam desprotegidos, porque ainda não suficientemente amadurecidos para receberem atenção e, portanto, regulamentação própria por parte do legislador ordinário [omissis]. Mas isso somente ocorre porque o mecanismo da responsabilidade civil é composto, em sua maioria, por cláusulas gerais e por conceitos vagos e indeterminados, carecendo de preenchimento pelo juiz a partir do exame do caso concreto. Como a incidência dos princípios e valores constitucionais se faz, em via mediata, justamente desta maneira, através do preenchimento valorativo destes conceitos, vê-se que a constitucionalização da responsabilidade civil pode dar-se naturalmente" (MORAES, Maria Celina Bodin de. *Na medida da Pessoa Humana*: estudos de Direito Civil Constitucional. Rio de Janeiro: Renovar, 2010. p.323-324).

responsabilidade civil também como a obrigação de impedir – quando possível – dano decorrente de ato ilícito praticado pelo agente, ou por terceiro por quem seja responsável. O ocorrendo dano, surge então a obrigação de repará-lo na sua totalidade, incluindo-se a anulação de eventuais ganhos que tenha o agente experimentado. Esse conceito se adequa à proposta do presente trabalho, inclusive, sendo a parte final do conceito abordada detidamente no capítulo 3.

2.3 Reflexões sobre os pressupostos clássicos da Responsabilidade Civil Extracontratual

Não existe pacificidade doutrinária em relação a quais são os elementos fundamentais da responsabilidade civil. As mudanças rápidas e sucessivas que vêm se impondo nos temas contemporâneos questionam a indispensabilidade de requisitos que outrora foram fundamentais e hoje se propõem disponíveis.

O requisito mais cercado de incerteza é a culpa, que foi fortemente contida com o advento da responsabilidade civil objetiva. Todavia, há na doutrina quem fale de responsabilidade civil por ato lícito, por presunção de causalidade, pressuposta e até responsabilidade civil sem danos.[67]

A revisão teórica e a compreensão dos pressupostos são fundamentais para a constatação (ou não) do fato de ser o lucro da intervenção um gênero autônomo da responsabilidade civil ou, como defendem alguns, o instituto subsidiário do enriquecimento ilícito.

Se apenas nos debruçarmos no modelo clássico de responsabilidade civil, nos deparamos com uma miríade de teorias. Para Carlos Roberto Gonçalves[68] e Silvio Rodrigues,[69] os pressupostos da responsabilidade civil são: a) ação ou omissão; b) culpa ou dolo do agente; c) relação de causalidade; e d) dano. Maria Helena Diniz[70] afirma serem os elementos essenciais: ação comissiva ou omissiva, ocorrência de um dano moral ou patrimonial e nexo de causalidade.

---

[67] Respectivamente Daniel Ustarroz, Caitlin Sampaio Mulholland, Giselda Maria Fernandes Novaes Hironaka e Glenda Gonçalves Gondim.
[68] GONÇALVES, Carlos Roberto. *Direito Civil Brasileiro*: responsabilidade civil. 8. ed. São Paulo: Saraiva, v. 4, 2013. p. 52-55.
[69] RODRIGUES, Silvio. *Direito Civil*: responsabilidade civil. 9, ed. São Paulo: Saraiva, v. 4, 1985. p. 14-19
[70] DINIZ, Maria Helena. *Curso de Direito Civil Brasileiro*: responsabilidade civil. 17. ed. São Paulo: Saraiva, v. 7, 2003. p. 38-39.

Sergio Cavalieri Filho[71] defende que os elementos são: comportamento culposo ou doloso do agente, nexo causal e dano. Flávio Tartuce[72] propõe quatro pressupostos: conduta humana, culpa genérica ou *latu sensu*, nexo de causalidade e dano ou prejuízo. Farias, Rosenvald e Braga Netto[73] adotam a classificação tetrapartida: ato ilícito, culpa, dano e nexo causal. Pablo Stolze Gagliano e Rodolfo Pamplona Filho[74] apontam como elementos da responsabilidade civil: conduta humana (positiva ou negativa), dano ou prejuízo e nexo de causalidade.

A reflexão sobre os pressupostos da responsabilidade civil é relevante ao inquerirmos acerca da possibilidade do enquadramento do lucro da intervenção como um gênero autônomo da responsabilidade civil. Por isso, é indispensável que esses elementos sejam analisados, já que fundamentais para a caracterização do instituto da responsabilidade civil.

Precioso o raciocínio de Giselda Maria Fernandes Novaes Hironaka que conclui que a responsabilidade civil não se calca mais nos institutos formais de responsabilidade civil, mas tem como foco a reparação do dano injusto.[75]

Passamos, então, a analisar os pressupostos clássicos da responsabilidade civil dentro de suas peculiaridades contemporâneas, com a finalidade de compreensão da efetiva natureza jurídica do dano pelo lucro da intervenção. A revisão que agora se propõe é preambular e geral, servindo de fundamento àquilo que será trabalhado no capítulo 3.

---

[71] CAVALIERI FILHO, Sergio. *Programa de responsabilidade civil*. 15. ed. São Paulo: Atlas, 2021.

[72] TARTUCE, Flávio. *Direito Civil*: direito das obrigações e responsabilidade civil. 12. ed. Rio de Janeiro: Forense, v. 2, 2017. p. 356.

[73] FARIAS, Cristiano Chaves de; ROSENVALD, Nelson; BRAGA NETTO, Felipe Peixoto. *Curso de Direito Civil*: responsabilidade civil. Salvador: Juspodivm, v. 3, 2014. p. 164.

[74] GAGLIANO, Pablo Stolze; PAMPLONA FILHO, Rodolfo. *Novo curso de Direito Civil*: responsabilidade civil. 11. ed. São Paulo: Saraiva, v. 3, 2013. p. 69.

[75] "Estrutura-se, paulatinamente, um sistema de responsabilidade civil que já não se sustenta mais pelos tradicionais pilares da antijuridicidade, da culpabilidade e do nexo de causalidade, apenas. Organiza-se, já, um sistema que não recusa, – como outrora se recusava, por ser absolutamente inaceitável – a existência de um dano injusto, por isso indenizável, decorrente de conduta lícita. Apresenta-se, nos dias de hoje, um sistema de responsabilidade civil que já não se estarrece com a ocorrência de responsabilidade independentemente de culpa de quem quer que seja." (HIRONAKA, Giselda Maria Fernandes Novaes. *Responsabilidade pressuposta*. Belo Horizonte: Del Rey, 2005. p. 2.)

2.3.1 Conduta Humana

A conduta humana é elemento fundamental do Direito. A finalidade exclusiva da ordem jurídica é, justamente, fixar parâmetros comportamentais a serem adotados pela coletividade com a finalidade de viabilizar a coexistência e, consequentemente, a proliferação da espécie humana.

Os modelos jurídicos existentes em todo o globo variam significativamente, porém, com o passar do tempo e com a diminuição de distâncias por meio da tecnologia, que permite integrar instantaneamente a comunicação com alguém em qualquer lugar do globo, as influências externas recíprocas vêm se intensificando e acelerando ainda mais a alteração do comportamento humano.

Ainda que a oscilação comportamental seja cada vez mais rápida, quando o comportamento humano se torna incompatível com a norma jurídica, surge o dever de responsabilização, seja ele civil, penal ou administrativo. Portanto, a conduta humana (ilícita) é o pontapé inicial para desencadear a responsabilidade civil.

Por seu turno, para Maria Helena Diniz, a conduta humana é "o ato humano, comissivo ou omissivo, ilícito ou lícito, voluntário e objetivamente imputável, do próprio agente ou de terceiro, [...] que cause dano a outrem, gerando o dever de satisfazer os direitos do lesado".[76]

A conduta humana consiste na ação (conduta positiva) ou omissão (conduta negativa) de um ser humano. Na maioria dos casos, a responsabilidade será fruto de uma conduta positiva, dado que, na conduta negativa, para que se caracterize a responsabilidade, será preciso que o agente cometa uma omissão que configura um dever jurídico (*v.g.*, omissão de socorro, inobservância do dever de cuidado de menores etc.).

A conduta humana ilícita não deve ser tida por simples ação humana, pois ela também pode ser omissiva. Assim, aquele que – quando deveria agir – abstém-se de fazê-lo, também é causador de danos. O exemplo mais evidente é o médico que deixa de prestar socorro a outras pessoas em necessidade, mas também podemos pensar naquele empresário que, mesmo ciente de que está recebendo valores não devidos, não informa ou restitui o consumidor da cobrança indevida.

---

[76] DINIZ, Maria Helena. *Curso de Direito Civil Brasileiro*. 18. ed. São Paulo: Saraiva, v. 1, 2002. p. 39.

Maria Helena Diniz lembra que a conduta humana que enseja responsabilidade civil deve ser voluntária, ou seja, "deve ser controlável pela vontade à qual se imputa o fato", de sorte que se excluem aqueles fatos em que a liberdade de agir é tolhida do agente.[77] É precisa a lição de Fabio Ulhoa Coelho, que diferencia a voluntariedade da consciência:

> Nem todos os atos humanos, evidentemente, são geradores de responsabilidade civil subjetiva. Para terem esta implicação jurídica, é necessário, antes de tudo, que sejam voluntários, isto é, que o movimento físico desencadeador dos eventos danosos tenha sido animado pela vontade de um homem ou mulher. Note-se que a vontade e consciência não são conceitos coincidentes, nem para o direito nem para a psicologia. A vontade é característica do ato passível de ser controlado racionalmente com vistas a realizar certo objetivo, selecionado entre duas ou mais alternativas. Há vontade sempre que há possibilidade de decisão. A consciência é o efetivo controle do ato. Os atos sob controle das áreas de consciência do cérebro são sempre voluntários, mas o inverso não é verdadeiro. Há vontades inconscientes, como a que se expressa pela imprudência na condução do veículo. Os atos automáticos de direção podem ser controlados, e isto indica que são voluntários. Se serão ou não postos sob o controle das áreas de consciência do cérebro do ser que age é questão diversa.
>
> Os atos de vontade podem ser conscientes ou não. Os atos instintivos (busca da satisfação sexual) e automáticos (direção de veículos automotores) são inconscientes, mas voluntários, e por isso geram responsabilidade civil quando lícitos.[78]

Com a tendência de objetivação da responsabilidade civil, a conduta humana deve ser analisada não como componente próprio da culpa, mas como parte constituinte de responsabilização do indivíduo, segundo a noção do princípio do solidarismo social na responsabilidade civil.

Giselda Maria Fernandes Novaes Hironaka reflete sobre a reponsabilidade objetiva na contemporaneidade, em que a culpa clássica é afastada da responsabilidade civil e conclui que o modelo contemporâneo desta última "só pode funcionar se estiver atrelada a uma ideia de normalidade ou honestidade civil. Afinal, o que permite a

---

[77] DINIZ, Maria Helena. *Curso de Direito Civil Brasileiro*. 18. ed. São Paulo: Saraiva, v. 1, 2002. p. 40.
[78] COELHO, Fábio Ulhoa. *Curso de Direito Civil:* Obrigações. Responsabilidade. 3. ed. São Paulo: Saraiva, 2009. p. 305-306.

averiguação da culpa é a certeza de que o agente poderia ter escolhido outra forma de agir (que, sabia ele, não causaria dano), mas não o fez".[79] Nota-se claramente a voluntariedade do agente como elemento da responsabilidade civil.

Ainda nos lembra Rui Stoco que a voluntariedade não consiste no "propósito ou a consciência do resultado danoso, ou seja, a deliberação ou a consciência de causar o prejuízo. Este é um elemento definidor do dolo. A voluntariedade pressuposta na culpa é a ação em si mesma".[80]

2.3.1.1 Conduta humana ilícita

Para que haja responsabilidade civil, todavia, há necessidade de que a conduta humana também seja ilícita, ou seja, viole a norma jurídica. Nesse sentido, é a lição de Caio Mario da Silva Pereira: "Do conceito de ato ilícito, fundamento da reparação do dano, tal como enunciado no art. 186 do Código Civil, pode-se enunciar a noção fundamental da responsabilidade civil".[81]

Essa também é a lição de Silvio de Salvo Venosa:

> O ato de vontade, contudo, no campo da responsabilidade deve revestir-se de ilicitude. Melhor diremos que na ilicitude há, geralmente, uma cadeia de atos ilícitos, uma conduta culposa. Raramente, a ilicitude ocorrerá com um único ato. O ato ilícito traduz-se em um comportamento voluntário que transgride um dever. Como já analisamos, ontologicamente, o ilícito civil não difere do ilícito penal; a principal diferença reside na tipificação estrita deste último.[82]

O conceito de ato ilícito é abrigado pelos artigos 186 e 187 do Código Civil, que conceitua ato ilícito aquele praticado em violação de direito de outrem, seja por ilicitude franca ou por abuso de direito, causa dano a outrem. Logo, o ato pode ser antijurídico; porém, se não houver dano, não há que se falar em ato ilícito para fins de reparação civil.

---

[79] HIRONAKA, Giselda Maria Fernandes Novaes. *Responsabilidade pressuposta*. Belo Horizonte: Del Rey, 2005. p. 87.
[80] STOCO, Rui. *Tratado de responsabilidade civil*: doutrina e jurisprudência. 8. ed. São Paulo: Revista dos Tribunais, 2011. p. 95.
[81] PEREIRA, Caio Mario da Silva. *Responsabilidade civil*. 12. ed. atual. por Gustavo Tepedino. Rio de Janeiro: Forense, 2018. p. 48.
[82] VENOSA, Silvio de Salvo. *Direito Civil*: responsabilidade civil. 2. ed. São Paulo: Atlas, v. IV, 2002. p. 21.

Como o artigo 187 também define que o ato ilícito pode nascer do abuso do direito, é perfeitamente possível que um ato que nasça lícito, em razão do excesso do seu titular, se torne ilícito. Por exemplo, imaginemos que uma revista contrate uma modelo para posar para a sua capa. É realizado um ensaio e, entre diversas fotos, uma é escolhida e usada na capa da determinada edição. Todavia, a revista utiliza as fotos da modelo no miolo da revista para ilustrar matérias diversas, em outras edições, alegando que a modelo cedeu o uso da sua imagem quando posou para as fotos. Nesse caso, claramente o ato que começou lícito, tornou-se ilícito, por abuso de Direito.

Nesse sentido, anotamos a precisa lição de Rubens Limongi França que afirma que *"o abuso de direito consiste em um ato jurídico de objeto lícito, mas cujo exercício, levado a efeito sem a devida regularidade, acarreta um resultado que se considera ilícito"*.[83] Assim, Limongi França conclui que *"o abuso de direito, na generalidade dos preceitos citados, se deduz, a contrário sensu, não só como categoria condenada pelo legislador, senão também,* ipso facto, *como causa eficiente da obrigação"*.[84]

Alvino Lima, na sua obra clássica Culpa e Risco, distingue bem o ato ilícito e o ato abusivo, ambos ensejadores de responsabilidade civil:

> Aquele, portanto, que age obedecendo apenas aos limites objetivos da lei, mas que no exercício do direito que lhe confere o preceito legal, viola os princípios da finalidade econômica e social da instituição, da sua destinação, produzindo o desequilíbrio entre o interesse individual e o da coletividade, abusa de seu direito.
>
> Distinguem-se, pois, as esferas do ato ilícito e do abusivo, ambos geradores de responsabilidade; naquele transgridem-se os limites objetivos traçados pela própria lei, negando-se ou excedendo-se ao direito; no ato abusivo há obediência apenas dos limites objetivos do preceito legal, mas fere-se ostensivamente a destinação do direito e o espírito da instituição.[85]

Como se vê, no abuso de direito, fica evidente a finalidade da responsabilidade civil de proteger a vítima, ainda que o ato que lhe causou danos seja, em origem, *lícito*. *É uma reprovação do desvio moral, um expoente da noção de justiça, segundo o fim social dos atos. É o que nos ensina Silvio Rodrigues:*

---

[83] FRANÇA, Rubens Limongi. *Instituições de Direito Civil*. São Paulo: Saraiva, 1988. p. 883.
[84] FRANÇA, Rubens Limongi. *Instituições de Direito Civil*. São Paulo: Saraiva, 1988. p. 884-885.
[85] LIMA, Alvino. *Culpa e Risco*. São Paulo: Revista dos Tribunais, 1960. p. 219.

O ato do agente causador do dano impõe-lhe o dever de reparar não só quando há, de sua parte, infringência a um dever legal, portanto ato praticado contra direito, como também quando seu ato, embora sem infringir a lei, foge da finalidade social a que ela se destina. Realmente atos há que não colidem diretamente com a norma jurídica, mas com o fim social por ela almejado. São atos praticados com abuso de direito, e se o comportamento abusivo do agente causa dano a outrem, a obrigação de reparar, imposta àquele, se apresenta inescondível.[86]

A clássica lição do civilista é fruto da sua leitura do Código Civil de 1916 que não possuía previsão expressa, como hoje há no artigo 187 do Código Civil de 2002. Nasce da coragem da doutrina e da jurisprudência em, ao analisar de forma sistemática o sistema, aplicar o artigo 5º da Lei de Introdução às Normas de Direito Brasileiro para reconhecer a ilicitude do abuso de direito, afastando o texto taxativo do art. 160, inciso I, do Código Civil de 1916, que não considerava ato ilícito "os praticados no exercício regular de um direito reconhecido".[87]

Foi justamente essa leitura jurisprudencial e doutrinária que foi cristalizada no artigo 187 do Código Civil de 2002, extinguindo-se qualquer controvérsia sobre o tema. Essa releitura do sistema jurídico, todavia, levou à objetivação da responsabilidade civil por abuso de Direito.[88]

A equiparação do abuso de direito ao ilícito não foi recebida de forma unânime, apontando críticos de escol, como Gustavo Tepedino, Heloísa Helena Barbosa e Maria Celina Bom de Morais,[89] que temiam a sua inaplicabilidade na responsabilização objetiva. Os medos desses juristas de elite, no entanto, foram exagerados, consolidando-se o

---

[86] RODRIGUES, Silvio. *Direito Civil*: responsabilidade civil. 9, ed. São Paulo: Saraiva, v. 4, 1985. p. 15.
[87] A Lei de Introdução às Normas do Direito Brasileiro, Decreto-Lei 4.657, de 4 de setembro de 1942, dispunha em seu artigo 5º que "Na aplicação da lei, o juiz atenderá aos fins sociais a que ela se dirige e às exigências do bem comum". Fica evidente que, sem uma leitura sistemática da legislação, coordenando dois diplomas legislativos, não seria possível que o ato prático em abuso de direito fosse fonte de responsabilidade civil.
[88] "Depreende-se da redação desse artigo, em primeiro lugar, que a concepção adotada em relação ao abuso do direito é a objetiva, pois não é necessária a consciência de se excederem, com o seu exercício, os limites impostos pela boa-fé, pelos bons costumes ou pelo fim social ou econômico do direito; basta que se excedam esses limites." (CAVALIERI FILHO, Sergio. *Programa de responsabilidade civil*. 15. ed. São Paulo: Atlas, 2021).
[89] TARTUCE, Flávio. *Manual de responsabilidade civil*. Rio de Janeiro: Forense; São Paulo: Método, 2018. p. 74-75

entendimento pela responsabilização objetiva no abuso de Direito, que foi inscrito como o enunciado 37 da I Jornada de Direito Civil, já em 2002, com o seguinte conteúdo: "A responsabilidade civil decorrente do abuso do direito independe de culpa, e fundamenta-se somente no critério objetivo finalístico."

O art. 187 do Código Civil elenca quatro hipóteses em que pode haver abuso de direito: a violação aos limites impostos pelo fim econômico, pelo fim social, à boa-fé e os bons costumes. Os fins econômico e social são limites casuísticos específicos, incidindo na realidade concreta em que o direito é exercido; já a boa-fé e os bons costumes são limites gerais, que devem ser respeitados em todas as hipóteses de exercício de um direito.[90]

Fim econômico é o benefício econômico que o exercício do Direito trará ao seu titular ou, ainda, o prejuízo derivado do não exercício do direito. Já o fim social é o adimplemento do programa social definido pela sociedade. É de grande importância a diferenciação entre o fim econômico e o fim social, pois que há parcela da doutrina que entende pela sinonímia entre ambos os termos.[91]

A boa-fé prevista no art. 187 do Código Civil não é a subjetiva, porquanto esta é individual, atinente aos conceitos de ética do indivíduo. O Código Civil inseriu no art. 187 uma boa-fé normativa, geral, a qual se denomina objetiva, devendo esta ser respeitada no exercício de todo o direito subjetivo. São três as funções da boa-fé objetiva no Código Civil de 2002: a) regra de interpretação dos negócios jurídicos (art. 113); b) fonte de deveres instrumentais ou secundários dos contratos (art. 422); c) limite ao exercício dos direitos subjetivos (art. 187).[92]

Por fim, os bons costumes são construções de comportamentos sociais dominantes em determinada sociedade. São regras não escritas, surgidas ao longo do tempo pela prática das pessoas, que permitem à coletividade a convivência pacífica e a solução de pequenos litígios sociais. O abuso dos bons costumes ocorre quando essas regras são

---

[90] CAVALIERI FILHO, Sergio. *Programa de responsabilidade civil*. 15. ed. São Paulo: Atlas, 2021.

[91] "Há quem entenda redundante falar em fim econômico e social, vez que toda finalidade econômica é, em princípio, também social. Sem razão, todavia, porque nem todo direito tem efeitos econômicos, como ocorre no Direito de Família – pelo quê plenamente justificável a distinção" (CAVALIERI FILHO, Sergio. *Programa de responsabilidade civil*. 15. ed. São Paulo: Atlas, 2021. p. 167.)

[92] CAVALIERI FILHO, Sergio. *Programa de responsabilidade civil*. 15. ed. São Paulo: Atlas, 2021. p. 168.

subvertidas, de forma que um indivíduo se aproveite do comportamento ético-jurídico esperado socialmente de outrem.[93]

Dessa leitura é novamente possível perceber que o legislador optou, em sede de responsabilidade civil, por adotar normas de conteúdo aberto, a serem preenchidas casuisticamente pelo operador da norma, conforme os ditames sociais vigentes no momento da prática do ato.

2.3.2 Reflexão sobre a dispensabilidade da culpa e do dolo na responsabilidade civil e sua peculiaridade em relação ao direito de danos

Um ponto relevante para a reflexão do surgimento de uma responsabilidade civil por lucro da intervenção é a compreensão de como surgiu o sistema objetivo de responsabilidade civil e porque ele exigiu previsão legislativa para tanto.

No passado a culpa chegou a ser chamada de rainha da responsabilidade civil, porém vem perdendo significativamente a sua majestade com o passar do tempo, como vimos em tópicos anteriores, com a sua releitura sob as luzes dos princípios da solidariedade e da dignidade da pessoa humana. Afirma Anderson Schreiber:

> A culpa continua sendo relevante para a responsabilidade civil. Embora tenha perdido aplicação em uma ampla gama de relações – hoje regidas pela responsabilidade objetiva – a noção de culpa, não em sua versão psicológica ou moral, mas em sua roupagem contemporânea, continua desempenhando papel importante na etiologia da responsabilidade subjetiva. Mesmo aí, contudo, a função de filtro dos pedidos de indenização que, outrora, se lhe atribuíra vem sofrendo continuado desgaste.[94]

A culpa remonta ao Direito Romano, sendo requisito fundamental exigido pela *Lex Aqulia ex damno*. A apuração desse requisito fazia sentido, quando lembramos que a culpa romana e a culpa contemporânea têm

---

[93] Boa-fé e bons costumes andam sempre juntos, como irmãos siameses, pois, assim como se espera de um homem de boa-fé conduta honesta e leal, a recíproca é verdadeira: má-fé se casa com a imoralidade, desonestidade e traição (CAVALIERI FILHO, Sergio. *Programa de responsabilidade civil*. 15. ed. São Paulo: Atlas, 2021. p. 170).

[94] SCHREIBER, Anderson. *Novos paradigmas da responsabilidade civil*: da erosão dos filtros da reparação à diluição dos danos. 6. ed. São Paulo: Atlas, 2015. p. 51.

conteúdo diverso entre si, pois aquela não era elemento fundamental para a intervenção estatal, mas um requisito utilitarista, servindo como vínculo entre a conduta do agente e o evento danoso, muito mais semelhante ao que entendemos por nexo de causalidade.[95]

A culpa, portanto, foi inserida como elemento essencial da responsabilidade civil no Código Civil de 1916, tendo reprisado o seu papel no Código Civil de 2002, que exige no artigo 186 a presença de "ação ou omissão voluntária, negligência ou imprudência" para a configuração do ato ilícito. Essa culpa moderna tem, portanto, forte conteúdo anímico, típico de uma avaliação subjetiva da conduta individual.[96] Nesse sentido, Anderson Schreiber mostra como a culpa é tratada pela mais diversa doutrina:

> De fato, ao definir a noção jurídica de culpa, muitos autores se valiam – e ainda hoje se valem – de elementos psicológicos ou anímicos, típicos de uma avaliação moral e subjetiva da conduta individual. Assim, refere-se Chironi à culpa como um stato d'animo do agente que se pretende responsável. Salemi refere-se expressamente à relação entre a psiche e o ato lesivo, como característica da culpa. Stoppato alude à culpa como

---

[95] Giselda Maria Fernandes Novaes Hironaka pontifica: "Ora, o que diferencia a culpa na *lex Aquilia* e a culpa no direito contemporâneo é a idéia de que, embora ela seja *o fundamento jurídico* mais evidente que se possa considerar, no direito romano ela *não é causa suficiente* para a intervenção do poder, porque falta a percepção estatal de uma necessidade civil de reparação, além da necessidade moral vislumbrada pela parte lesada. Por outro lado, no Estado contemporâneo – ao menos do início do século XIX – a culpa já se delineia como causa suficiente do dever de indenizar, uma vez que seu reconhecimento *oficial* se reflete, diga-se assim, como a marca pública de uma moralidade privada que se encontra representada na lei. Há um abismo considerável entre a *lex Aquilia* e o direito codificado contemporâneo, que é justamente a longa e profunda transformação pela qual passou o conceito de culpa, que no seio das instituições da política, quer no âmago das tradições, da moral e da religião e, especialmente, nos contornos da filosofia, que vê a culpa ser eleita como fonte racional de obrigação ou de punição, mostrando-se pelas fases do pensamento racional que se preocupou em definir os limites do direito e do Estado, em função da separação entre ética e religião" (HIRONAKA, Giselda Maria Fernandes Novaes. *Responsabilidade pressuposta*. Belo Horizonte: Del Rey, 2005. p. 33).

[96] Anderson Schreiber, nessa visão, representa bem a leitura da doutrina de escol sobre a culpa: "De fato, ao definir a noção jurídica de culpa, muitos autores se valiam – e ainda hoje se valem – de elementos psicológicos ou anímicos, típicos de uma avaliação moral e subjetiva da conduta individual. Assim, refere-se Chironi à culpa como um *stato d'animo* do agente que se pretende responsável. Salemi refere-se expressamente à relação entre a *psiche* e o ato lesivo, como característica da culpa. Stoppato alude à culpa como um "diffetto della intelligenza". Pontes de Miranda trata da culpa como "falta de devida atenção". José de Aguiar Dias refere-se à previsibilidade do resultado como elemento indispensável ao conceito. Karl Larenz menciona, além da previsibilidade, um "ineludível" juízo de valor do agente sobre o próprio comportamento" (SCHREIBER, Anderson. *Novos paradigmas da responsabilidade civil*: da erosão dos filtros da reparação à diluição dos danos. 6. ed. São Paulo: Atlas, 2015. p. 14-15).

um "diffetto dela intelligenza". Pontes de Miranda trata da culpa como "falta de devida atenção". José de Aguiar Dias refere-se à previsibilidade do resultado como elemento indispensável ao conceito. Karl Larenz menciona, além da previsibilidade, um "ineludível" juízo de valor do agente sobre o próprio comportamento.[97]

Ainda que não haja expressa sinonímia, é visível que a vontade humana está presente como fio condutor em todos os conceitos. É ela o caráter moral e psicológico do conceito de culpa, que se extrai da fórmula inserida no art. 186, qual seja "ação ou omissão voluntária, negligência ou imprudência".

Sergio Cavalieri Filho, em boa reflexão, faz uma distinção entre vontade e intenção:

> Não se confunda, entretanto, vontade com intenção. O indivíduo, em sua conduta antissocial, pode agir tencional ou intencionalmente. Conduta voluntária é sinônimo de conduta dominável pela vontade, mas não necessariamente por ela dominada ou controlada, o que importa dizer que nem sempre o resultado será querido. Para haver vontade basta que exista um mínimo de participação subjetiva, uma manifestação do querer suficiente para afastar um resultado puramente mecânico. Haverá vontade desde que os atos exteriores, positivos ou negativos, sejam oriundos de um querer íntimo livre.[98]

A intenção, portanto, funciona como uma forma de qualificação da culpa, ou seja, configura aquilo que se conhece por dolo, como veremos a seguir.

O dever de indenizar, portanto, exige um elemento volitivo que, ligado à conduta humana e ao dano por um nexo de causa, faz surgir a responsabilidade civil. Todavia, é preciso que a conduta humana seja reprovável pelo Direito, não havendo alternativa ao agente, sob pena de não haver responsabilidade civil. A boa-fé, portanto, é o principal guia do agente para ver-se livre da responsabilidade civil.

A compreensão do conceito da culpa e a sua casuística disponibilidade é relevante em sede de responsabilidade civil, visto que, havendo regras distintas dentro do mesmo sistema, tais regras devem

---

[97] SCHREIBER, Anderson. Novos paradigmas da responsabilidade civil: da erosão dos filtros da reparação à diluição dos danos. 6 ed. São Paulo: Atlas, 2015. p. 14-15.
[98] CAVALIERI FILHO, Sergio. *Programa de responsabilidade civil*. 15. ed. São Paulo: Atlas, 2021.

afetar todas as modalidades de danos, moldando suas características, inclusive no que diz respeito ao lucro da intervenção, conforme será apresentado oportunamente.

2.3.3 Nexo de Causalidade

O nexo de causalidade é um elemento natural da responsabilidade civil, sendo pressuposto indissociável da sua configuração. Se é a conduta humana que desencadeia a responsabilidade civil, ao nexo de causalidade cabe servir de liame lógico entre a conduta e o resultado danoso.

Ao pensarmos o sistema de responsabilidade civil, para apurarmos a responsabilidade do agente, parte-se do dano para o agente causador, devendo haver um liame efetivo entre esses dois pressupostos para se verificar se o suposto autor deu ou não efetiva causa ao resultado danoso, pois ninguém deve responder por aquilo que não deu causa.

A nosso ver, o nexo de causalidade é o elemento mais complexo da responsabilidade civil, porque, a cada evento mais complexo, maior será a complexidade da sua apuração. A indeterminação do nexo de causalidade é suficiente para afastar totalmente o dever de indenizar.

A noção aparentemente simples enfrenta diversas complexidades, porque da mesma maneira que a culpa, o nexo de causalidade vem sofrendo algumas modificações com o desenvolvimento da disciplina da responsabilidade civil:

> O nexo causal é a "esfinge" da responsabilidade civil. Aqueles que não podem responder o seu enigma, se bem que não sofrerão um destino bem típico dos contos e história mitológicas – sendo mortos e totalmente devorados por esses monstros vorazes –, infelizmente serão excluídos da possibilidade de prosseguir na trajetória desta matéria para aquilo que propõe a complexidade dos nossos tempos.[99]

É curioso constatarmos que o nexo de causalidade não é um fenômeno jurídico, mas um fenômeno natural, que resulta da noção básica de causa e consequência. Busca-se, portanto, perquirir, em etapas, a sequência de acontecimentos que deu origem a um resultado, apurando-se cada uma de suas etapas e agentes colaboradores.

---

[99] FARIAS, Cristiano Chaves de; ROSENVALD, Nelson; BRAGA NETTO, Felipe Peixoto. *Curso de Direito Civil*: responsabilidade civil. Salvador: Juspodivm, v. 3, 2014. p. 455.

Não obstante, a ficção jurídica do direito não espelha necessariamente o estado de natureza e, portanto, precisa diferenciar as causas que realmente dão origem aos efeitos de forma ficcional, para que se possa limitar a extensão do nexo causal:

> De fato, reconhece-se, há muito, que o nexo de causalidade natural ou lógico se diferencia do jurídico, no sentido de que tudo que, no mundo dos fatos ou da razão, é considerado como causa de um evento pode assim ser considerado juridicamente. A vinculação da causalidade à responsabilização exige uma limitação do conceito jurídico de causa, sob pena de uma responsabilidade civil amplíssima. É o que revela, de forma eloquente, a sempre lembrada passagem de Binding, que alertava para os perigos de se responsabilizar, como "partícipe do adultério, o próprio marceneiro que fabricou o leito no qual se deitou o casal amoroso".[100]

Segundo Cavalieri Filho,

> A relação causal, portanto, estabelece o vínculo entre um determinado comportamento e um evento, permitindo concluir quem foi o causador do dano.
> Pode-se ainda afirmar que o nexo de causalidade é elemento indispensável em qualquer espécie de responsabilidade civil. Pode haver responsabilidade sem culpa, [...] mas não pode haver responsabilidade sem nexo causal.[101]

A responsabilidade objetiva, no entanto, gerou uma nova complexidade para o nexo de causalidade, pois, com a teoria do risco, é possível que haja ilícito mesmo sem culpa do agente. Portanto, a aplicação do nexo de causalidade não é a mesma na responsabilidade objetiva e na subjetiva. Vale ressaltar que nesta, o nexo de causalidade emerge como uma espécie de *"cano, ponte ou fio"* formado pela *culpa lato sensu*, sendo ela o elemento que liga a conduta humana e o prejuízo causado, ao passo que na responsabilidade objetiva, o nexo de causalidade nasce diretamente da lei, que qualifica a conduta ou a atividade de risco desempenhada pelo autor do dano.

Com a objetivação da responsabilidade civil, o papel de impor limites à responsabilidade, que outrora coube à culpa, passou a ser

---

[100] SCHREIBER, Anderson. *Novos paradigmas da responsabilidade civil*: da erosão dos filtros da reparação à diluição dos danos. 6. ed. São Paulo: Atlas, 2015. p. 55.

[101] CAVALIERI FILHO, Sergio. *Programa de responsabilidade civil*. 15. ed. São Paulo: Atlas, 2021.

desenvolvido pelo nexo causal, funcionando, em muitos casos, como único elemento capaz de limitar a responsabilidade civil.[102]

Também é importante distinguir-se imputabilidade de nexo de causalidade. O nexo de causalidade será formado por elementos que contribuem diretamente para o resultado danoso, sendo que os "fortuitos externos" são capazes de rompê-lo facilmente. Assim, havendo um evento interruptor, a responsabilidade civil do agente é transferida para o agente que causou a intervenção.

Por exemplo, imaginemos que um empregado sofra um leve acidente de trabalho. Chamados os bombeiros, o empregado é posto na ambulância e levado ao hospital, porém, no percurso, a ambulância é abalroada por um caminhão, levando o empregado à óbito. O empregador não poderá, nesse caso, ser responsabilizado pela morte do empregado, ainda que responda objetivamente segundo às normas de Direito do Trabalho.

A questão se agrava quando nos deparamos com a causalidade múltipla, em que diversos fatores, produzidos por diversos agentes, convergem no evento danoso. Essa multiplicidade eleva a dificuldade de compreensão do nexo de causalidade, obrigando o aplicador do Direito a analisar cada um dos fatores que contribuíram para o resultado e determinar os agentes responsáveis.

O nexo de causalidade é, portanto, um elemento fisiológico da responsabilidade civil, sendo que na sua ausência, não há que se falar em responsabilidade civil de qualquer espécie, inclusive no lucro da intervenção. Oportunamente, em tópico apropriado, traçaremos uma relação entre o dolo e o nexo de causalidade como fundamento do dano pelo lucro da intervenção.

Diante da sua relevância, no lucro da intervenção também desempenha um elemento fundamental para, não apenas o seu reconhecimento, mas também a sua qualificação autônoma, conforme será oportunamente exposto.

---

[102] "Chega-se, hoje, a afirmar que o juízo de responsabilidade, nos casos de responsabilidade objetiva, "acaba por traduzir-se no juízo sobre a existência de nexo de causalidade entre fato e dano". E os tribunais têm mesmo declarado, com algum exagero, que "o nexo causal é a primeira questão a ser enfrentada na solução de demandas envolvendo responsabilidade civil e sua comprovação exige absoluta segurança quanto ao vínculo entre determinado comportamento e o evento danoso" (CAVALIERI FILHO, Sergio. *Programa de responsabilidade civil*. 15. ed. São Paulo: Atlas, 2021).

CAPÍTULO 3

DANO, O ELEMENTO FUNDAMENTAL DA RESPONSABILIDADE CIVIL

O dano é o elemento essencial da responsabilidade civil, pois não existe responsabilidade civil sem ocorrência de dano.

No passado, a culpa desempenhou o papel de protagonista da responsabilidade civil, diante da subsidiariedade da disciplina perante o direito das obrigações. O nexo de causalidade, ainda que fundamental para configuração da responsabilidade civil é um elemento natural, um raciocínio lógico entre conduta e resultado. Hoje, sem sombra de dúvidas, é do dano o protagonismo na responsabilidade civil, como instrumento materializador de Justiça.

É curioso pensarmos, ainda, que uma eventual indenização paga sem um dano correspondente resultaria em enriquecimento sem causa da suposta vítima, sendo pena ilegítima imposta a quem viesse a pagá-la.

Conforme já mencionamos, o estado da arte da responsabilidade civil é resultado de uma convergência da disciplina sob os princípios da dignidade da pessoa humana e da solidariedade, o que resultou em uma explosão do conteúdo jurídico do que pode ser compreendido como dano, abandonando o modelo clássico das doutrinas liberal-patrimonialistas.

O reconhecimento do indivíduo como foco da responsabilidade civil, mesmo nas hipóteses de restituição do dano patrimonial, hoje extrapola os aspectos econômicos do dano emergente e do lucro cessante, resultando na proliferação dos danos não patrimoniais.[103]

---

[103] Adotamos a expressão danos não patrimoniais de forma genérica, apenas para singularizar os danos patrimoniais como gênero embrionário da responsabilidade civil, porém

3.1 Conceito de dano

Conforme já dissemos *en passant*, o Código Civil de 2002 adotou um conceito aberto de dano, por meio de uma cláusula geral de reparação de danos. A opção do legislador, portanto, foi não limitar as hipóteses em que o dano se materializa, deixando para o aplicador do Direito – seja o magistrado, seja a doutrina – a função de definir tudo aquilo que configura dano.

Essa escolha não foi sem preço, abrindo espaço para uma enxurrada de ações judiciais pugnando por danos de forma nada criteriosa. Anderson Schreiber afirma que essa opção levou a uma avalanche de novos danos que faz temer a multiplicação desenfreada de novas espécies de danos, ainda que revele uma maior sensibilidade do Poder Judiciário às questões existenciais do indivíduo.[104]

Todavia, mesmo diante do pessimismo doutrinário, acreditamos positiva a opção legislativa, outorgando importância ímpar para o estudo aprofundado da teoria dos danos e a sua adequação com a realidade sociocultural da sociedade brasileira. Não pode o jurista furtar-se da realidade, precisando sempre estar atento ao ambiente que o cerca.

O art. 186 do Código Civil adota conceito vago em relação ao dano, com conteúdo impreciso, que deve ser preenchido pela doutrina e pela jurisprudência.

José de Aguiar Dias propõe um clássico conceito de dano em sua clássica obra "Responsabilidade Civil". Para o autor, dano é o prejuízo suportado pela vítima, com duas vertentes, uma vulgar e outra jurídica. Na vertente vulgar, o dano é qualquer prejuízo que um indivíduo venha a suportar, independentemente de causa; porém, na versão jurídica, dano é o prejuízo experimentado pela vítima em razão da ação de um agente.[105]

É inteligente a leitura de Romualdo Baptista dos Santos sobre a proposta de Aguiar Dias, entendendo que o dano é mais abrangente que o prejuízo, sendo o dano um prejuízo qualificado pelo objeto (bens e interesses jurídicos) e pela natureza heterogênea.[106]

---

não mais único gênero de danos. Quando tratarmos dos danos clássicos não materiais, socorremo-nos da expressão dano extrapatrimonial, que permite a distinção do gênero da sua espécie clássica, o denominado "dano moral".

[104] SCHREIBER, Anderson. *Novos paradigmas da responsabilidade civil*: da erosão dos filtros da reparação à diluição dos danos. 6. ed. São Paulo: Atlas, 2015. p. 96.

[105] AGUIAR DIAS, José de. *Da responsabilidade civil*. Rio de Janeiro: Forense, v. 1, 1944. p. 284-285.

[106] SANTOS, Romualdo Baptista dos. *Responsabilidade civil por dano enorme*. Curitiba: Juruá, 2018.

Deve-se levar em conta que a eleição de um sistema de cláusula geral é resultado da opção legislativa, pois poderia o Código Civil ter adotado sistema semelhante ao modelo alemão, ou até mesmo limitado a indenizabilidade dos danos não patrimoniais, como fez o art. 2059 do *Codice Civile* italiano. O Direito Penal, por exemplo, exige taxatividade dos bens jurídicos violados para fim de fazer incidir a responsabilidade penal.

Portanto, o dano indenizável deve ser aquele que é reconhecido como valor jurídico da sociedade em que se materializou. Caberá à casuística o reconhecimento da existência ou não do dano, segundo modelos gerais compatíveis com os valores jurídicos, sendo o ônus da adequação a tarefa do aplicador do direito.

É curioso que a doutrina, usualmente, ao refletir sobre as cláusulas abertas, aponte sempre o magistrado como o definidor fundamental da existência do dano. No entanto, em um sistema calcado na dignidade da pessoa humana e na solidariedade, devemos considerar sempre o dever do agente em reconhecer o dano suportado pela vítima e de forma voluntária buscar a sua satisfação, que não necessariamente ocorrerá por meios materiais. O magistrado é *player* de *ultima ratio*, apenas funcionando quando tudo o mais falhou.

Por exemplo, uma ofensa proferida em ambiente privado pode ser satisfeita com uma retratação dentro do mesmo ambiente, sem a necessidade de pagamento de uma indenização pecuniária. O dano, portanto, independe de pecúnia para ser satisfeito. Todavia, sendo necessário o remédio financeiro, as partes podem livremente acordar a satisfação dos danos em montantes suficientes e justos para elas. O magistrado apenas e somente atuará quando o diálogo não for possível. A indenização por dano independe de processo judicial, sendo a sua judicialização a solução mais qualificada de solução do conflito.

Para Rubens Limongi França, dano é "a diminuição ou subtração causada por outrem, de um bem jurídico".[107] Por sua vez, Sergio Cavalieri Filho entende dano como uma "lesão a um bem ou interesse juridicamente tutelado, qualquer que seja a sua natureza, quer se trate de um bem patrimonial, quer se trate de um bem integrante da personalidade da vítima, como sua honra, a imagem, a liberdade etc.".[108]

---

[107] FRANÇA, Rubens Limongi. *Instituições de Direito Civil*. São Paulo: Saraiva, 1988. p. 875.
[108] CAVALIERI FILHO, Sergio. *Programa de responsabilidade civil*. 15. ed. São Paulo: Atlas, 2021.

Portanto, o reconhecimento de um dano sempre partirá do caso concreto, segundo um valor social tido por "bem juridicamente tutelado", por meio da técnica de ponderação de interesses, em linha direta e vinculada à norma constitucional, fiéis aos ideais constitucionais, exigindo do intérprete, constantemente, a revisão dos seus próprios preconceitos.

3.2. Gênero *versus* Espécie – distinções

Para evoluirmos na reflexão sobre o dano pelo lucro da intervenção constituir ou não um gênero autônomo de dano, é preciso que compreendamos de antemão as espécies clássicas de dano, bem como a sua colocação dentro do sistema de responsabilidade civil.

É evidente que os danos patrimoniais e extrapatrimoniais (morais) encontram previsão expressa na lei e na Constituição Federal, sendo a sua assimilação simplificada para o estudioso, bem como a sua aplicabilidade. Até mesmo quando falamos de "novos danos", há uma simplicidade peculiar, pois a compreensão desses gêneros de dano, como reparadores do patrimônio material e imaterial já está consolidada.

O entendimento desses conceitos – de gênero e de espécie, bem como de novos danos – é que permitirá a reflexão sobre ser o lucro da intervenção um gênero autônomo de dano na responsabilidade civil.

O sistema aberto de danos que nos presenteou o legislador civil exige relevância do novo dano, que extrapole o mero aborrecimento suportado pela vítima, atingindo a sua personalidade.[109] Todavia essa mudança na compreensão de danos é tão profunda que a raiz dos danos materiais, historicamente calcados na lógica contratual, baseia-se no direito precípuo à propriedade e à livre iniciativa, portanto sendo fundamentalmente um direito da personalidade.

Essa leitura, inclusive, exigiu que – mesmo sem previsão expressa – os danos morais passassem a ser estendidos às pessoas jurídicas, revisitando-se a sua noção de personalidade, para compreensão de que esta pode ser vítima, independente do eventual dano patrimonial ou extrapatrimonial, e atingir a pessoa dos seus sócios. O que se acoima

---

[109] Nesse sentido, o Enunciado 159 da III Jornada de Direito Civil, que afirma o seguinte: "O dano moral, assim compreendido todo dano extrapatrimonial, não se caracteriza quando há mero aborrecimento inerente a prejuízo material (BRASIL. Conselho da Justiça Federal. *Enunciado 159*. III Jornada de Direito Civil. Brasília, DF, 2004).

é o comportamento nocivo e lesivo, pune-se a torpeza humana, ainda que o ato seja praticado contra pessoa não humana.

Partindo de uma premissa de lógica aristotélica, buscamos o conceito mais comezinho de "gênero", extraído do Dicionário Eletrônico Houaiss da Língua Portuguesa, que o define, sob a rubrica de "lógica", como "qualquer classe de indivíduos com propriedades em comum, passível de subdivisão em classes mais restritas, as espécies" Ainda calcados na mesma fonte eletrônica, tem-se "espécie", por sua vez, como "qualquer classe de indivíduos com propriedades em comum, considerada uma subdivisão de uma classe ainda mais ampla, o gênero".

A divisão em gênero e espécie, portanto, não é um conceito jurídico, mas lógico, que serve na investigação científica como forma de organização de um sistema complexo. O direito, portanto, não é isento da configuração de gêneros e espécies, servindo-se desses conceitos, nos estritos termos fundamentais, para organizar o seu estudo, seus princípios e suas característica.

É justamente por isso que princípios amplos, como a dignidade da pessoa humana, impõem grande complexidade de reconhecimento na área jurídica. O Direito Civil, por exemplo, foi assentado por milhares de anos na lógica liberal-econômica, e há poucos anos viu-se obrigado a ter como base a bondade (boa-fé) como princípio geral, o que gera a sensação de repúdio e estranhamento. Se no Direito Romano a regra era o *pacta sunt servanda*, no direito contemporâneo a regra é o ser humano antes da lei e do contrato.

Em escritos anteriores, notadamente sobre novos danos, reconhecemos expressamente a existência de duas espécies de danos, o dano patrimonial e o extrapatrimonial. No entanto, hoje – após uma revisão bibliográfica profunda – compreendemos o quanto estivemos, então, equivocados.[110]

Socorríamo-nos do texto constitucional dos incisos V e X do art. 5º da Constituição Federal para fundamentar o gênero extrapatrimonial como detentor de diversas espécies, notadamente o "dano moral puro" e o dano à imagem. Esse raciocínio não está equivocado, porém, uma releitura do texto constitucional no fez perceber que a Lei Maior adota modelos exemplificativos de garantias, que admitem ampliação.

---

[110] SILVA, Bruno Casagrande e. *Novas tendências da responsabilidade civil*: a expansão dos danos indenizáveis. Curitiba: Juruá, 2019. p.135.

Assim, o texto constitucional serve a finalidade de garantir que aqueles danos, ali expressamente previstos, não devem mais ser objeto de discussões e debates contraditórios à sua existência, porém não exclui outras espécies de danos, como faz – por exemplo – o sistema italiano de responsabilidade civil.

Carlos Maximiliano, ao tratar de hermenêutica e aplicação do direito, tem preciosa lição concisa sobre os gêneros e espécies no Direito:

> Quando o texto [da norma jurídica] menciona o gênero, presumem-se incluídas as espécies respectivas; se faz referência ao masculino, abrange o feminino; quando regula o todo, compreendem-se também as partes [;] (1). Aplica-se a regra geral aos casos especiais, se a lei não determina evidentemente o contrário [;] (2). *Ubi lex non distinguit nec nos distinguere debemus*: "Onde a lei não distingue, não pode o intérprete distinguir."
>
> Quando o texto dispõe de modo amplo, sem limitações evidentes, é dever do intérprete aplicá-lo a todos os casos particulares que se possam enquadrar na hipótese geral prevista explicitamente.[111]

Sérgio Cavalieri Filho afirma que "ainda nos parece mais correto e seguro classificar o dano nas suas duas modalidades tradicionais – o dano material ou patrimonial e o dano moral ou extrapatrimonial. As demais são meras subespécies que acabam por ensejar *bis in idem* no momento de quantificar a indenização; são novas situações de espécies de danos já existentes, perpetrados por novos meios". O autor parte da premissa binária de danos, porém deixa evidente que os gêneros e espécies são categorias fundamentais para organização e aplicabilidade do sistema de responsabilidade civil.

A menção pelo jurista carioca do *"bis in idem"* é um ponto relevante na compreensão dos gêneros e espécies da responsabilidade civil, inclusive, porque, conforme veremos, a cada dano compreende uma indenização específica, que não se confunde com as demais, sob pena de se "pesar a mão" contra o autor ou não efetivamente reparar a vítima.

Essa mesma fórmula é repetida pela legislação infraconstitucional, que, ao invés de indicar em rol fechado quais seriam os danos protegidos pelo Direito, repete a fórmula aberta constitucional. Note-se, por exemplo, que não há na Constituição regra assegurando a

---

[111] MAXIMILIANO, Carlos. *Hermenêutica e aplicação do direito*. 20. ed. Rio de Janeiro: Forense, 2011. p. 201.

reparação do lucro cessante ou do dano emergente. O mesmo ocorre no Código Civil, que se socorre de cláusula geral de dano para assegurar a reparação das espécies de dano material ou moral quando estas ocorrerem. Portanto, o que há na legislação não são as espécies de dano, mas tão somente parâmetros que orientam a fixação do *quantum* de eventual indenização, seja ela material ou extrapatrimonial.[112]

Passemos então à análise dos gêneros clássicos de responsabilidade civil e suas respectivas espécies, incluindo-se uma breve reflexão sobre os ditos "novos danos" no Direito brasileiro.

3.2.1 Dano Patrimonial

O dano patrimonial é o mais clássico gênero de danos, que atinge diretamente o patrimônio material da vítima, ou seja, bens jurídicos cuja valorização possa se dar em dinheiro. Ensina Romualdo Baptista dos Santos:

A Constituição Federal, ao referir-se ao dano patrimonial, faz uso da sua nomenclatura secular, dano material, porém, com o surgimento de novos danos, não pecuniários, a doutrina e a jurisprudência passaram a designá-lo dano patrimonial, pois também tutela o patrimônio incorpóreo da vítima, como é o caso do crédito e da propriedade intelectual.

Antunes Varela afirma que o dano patrimonial é aquele suscetível de avaliação pecuniária, podendo ser reparado diretamente, mediante restauração natural ou reconstituição específica, ou indiretamente, por meio equivalente ou indenização pecuniária.[113] O conceito de dano é, indissociavelmente, ligado à noção de patrimônio, pois originalmente

---

[112] "Com efeito: aludindo a determinados direitos, a Constituição estabeleceu o mínimo. Não se trata, obviamente de *numerus clausus*, ou enumeração taxativa. Esses, mencionados nas alíneas constitucionais, não são os únicos direitos cuja violação sujeita o agente reparar. Não podem ser reduzidos, por via legislativa, porque inscritos na Constituição. Podem, contudo, ser ampliados pela legislatura ordinária, como podem ainda receber extensão por via de interpretação, que neste teor recebe, na técnica do Direito Norte-Americano, a designação *construction*. Com as duas disposições contidas na Constituição de 1988 o princípio da reparação do dano moral encontrou o batismo que a inseriu em a canonicidade de nosso direito positivo. Agora, pela palavra mais firme e mais alta da norma constitucional, tornou-se princípio de natureza cogente o que estabelece a reparação por dano moral em nosso direito. Obrigatório para o legislador e para o juiz" (PEREIRA, Caio Mario da Silva. *Responsabilidade civil*. 12. ed. atual. por Gustavo Tepedino. Rio de Janeiro: Forense, 2018. p. 79).

[113] CAVALIERI FILHO, Sergio. *Programa de responsabilidade civil*. 15. ed. São Paulo: Atlas, 2021.

era voltado para a proteção do indivíduo e da propriedade privada contra o poder do Estado, sendo definido como um acervo de bens puramente materiais e econômicos, não se referindo a bens que não pudessem ser matematicamente mensurados.[114]

É curioso que até muito pouco tempo, em meados do século passado, sequer fazia sentido sugerir "danos extrapatrimoniais", certo que foi após a segunda conflagração mundial que os direitos inerentes à pessoa humana tomaram centralidade no ordenamento jurídico, ficando – até esse momento – a responsabilidade civil limitada a relações econômicas e patrimoniais.

Caio Mario da Silva Pereira, com base na lição de Atilio Anibal Aterini, propõe que nem todos os danos são ressarcíveis, mas tão somente aqueles que gozam dos requisitos da certeza, atualidade e subsistência. Portanto, a certeza do dano é elemento caracterizador do dano patrimonial, que não pode ser eventual. Não sendo constatado o prejuízo, não há que se falar em responsabilidade civil. Afirma Caio Mario da Silva Pereira que que, "Normalmente, a apuração da certeza vem ligada à atualidade. O que se exclui de reparação é o dano meramente hipotético, eventual ou conjuntural, isto é, aquele que pode não vir a concretizar-se".[115]

É justamente por isso que discordamos do conteúdo Enunciado 444, aprovado na V Jornada de Direito Civil, que dispõe que "a responsabilidade civil pela perda de chance não se limita à categoria de danos extrapatrimoniais, pois, conforme as circunstâncias do caso concreto, a chance perdida pode apresentar também a natureza jurídica de dano patrimonial. A chance deve ser séria e real, não ficando adstrita a percentuais apriorísticos".[116]

Claramente o enunciado é um esforço dogmático para que esse novo dano, da perda de uma chance, possa indenizar materialmente, aquilo que era possível e até provável. Por exemplo, o candidato que, na última fase de um concurso público, fosse impedido de participar por culpa da companhia aérea que realizou *overbooking* poderia pleitear danos materiais compatíveis com a remuneração que viria a perceber após a sua aprovação.

---

[114] SANTOS, Romualdo Baptista dos. *Responsabilidade civil por dano enorme*. Curitiba: Juruá, 2018.
[115] PEREIRA, Caio Mario da Silva. *Responsabilidade civil*. 12. ed. atual. por Gustavo Tepedino. Rio de Janeiro: Forense, 2018. p. 57.
[116] BRASIL. Conselho da Justiça Federal. *Enunciado 444*. V Jornada de Direito Civil. Brasília, DF, 2012.

Não concordamos com esse entendimento porque acreditamos que a perda de uma chance é um dano indenizável caracterizado justamente pela sua incerteza. O que se perde é a chance e não o resultado, devendo a indenização se dar na esfera do dano extrapatrimonial. Se há certeza, a indenização não deve ser fixada segundo a perda de uma chance, mas como dano emergente ou lucro cessante, sendo possível a sua cumulação.

Esse novo dano, e as circunstâncias que o rondam hoje na doutrina e na jurisprudência, mostram a importância da distinção de gêneros, que nos permite, por meio de raciocínios lógicos, delimitar os contornos dos danos indenizáveis e conceber um sistema lógico para a sua constatação fática.

Portanto, diferentemente do dano extrapatrimonial, o dano patrimonial divide-se em duas espécies: o dano emergente e o lucro cessante, conforme se extrai do art. 402 do Código Civil: "Salvo as exceções expressamente previstas em lei, as perdas e danos devidos ao credor abrangem, além do que ele efetivamente perdeu, o que razoavelmente deixou de lucrar". Essas duas espécies levam em consideração as lesões temporalmente possíveis ao patrimônio, quais sejam, a lesão pretérita, a atual e a que se procrastina para tempo futuro.

O dano emergente, ou dano positivo, "importa efetiva e imediata diminuição no patrimônio da vítima",[117] o que significa, nos termos do art. 402 do Código Civil, aquilo que a vítima efetivamente perdeu. Trata-se de um dano já materializado e a sua persecução somente se dá após o dano estar concluído.

Em comparação com o lucro cessante, a prova do dano emergente é mais singela, sendo apurada em razão do efetivo prejuízo, sem necessidade de falar-se em prejuízo hipotético, já que o dano a ser indenizado corresponde ao valor da coisa.

Segundo Chaves, Rosenvald e Braga Netto, a indenização em dinheiro é meramente subsidiária e sub-rogatória, devendo o bem danificado ser recomposto ou substituído. A impossibilidade de recomposição, por sua vez, converte a obrigação de dar em obrigação de pagar quantia certa. Por exemplo, se um veículo é destruído, ele deve ser substituído por outro com as mesmas características; caso não seja possível a sua substituição em razão da especificidade, caberá ao autor do dano indenizar a vítima no valor do veículo.[118]

---

[117] CAVALIERI FILHO, Sergio. *Programa de responsabilidade civil*. 15. ed. São Paulo: Atlas, 2021.
[118] FARIAS, Cristiano Chaves de; ROSENVALD, Nelson; BRAGA NETTO, Felipe Peixoto. *Curso de Direito Civil*: responsabilidade civil. Salvador: Juspodivm, v. 3, 2014. p. 288.

De outra banda, os lucros cessantes, ou dano negativo, correspondem àquilo que a vítima razoavelmente deixou de aferir financeiramente. Note-se que os lucros cessantes são uma lesão que tem seus efeitos se desdobrando em prejuízo do futuro financeiro da vítima.

A previsão da reparação dos lucros cessantes encontra-se no art. 402 do Código Civil que assegura à vítima não apenas aquilo que perdeu, mas também "o que razoavelmente deixou de lucrar". Segundo Cavalieri Filho, "consiste, portanto, o lucro cessante na perda do ganho esperável, na frustração da expectativa de lucro, na diminuição do patrimônio da vítima". Afirma Aguiar Dias:

> Em regra, os efeitos do ato danoso incidem no patrimônio atual, cuja diminuição ele acarreta. Pode suceder, contudo, que esses efeitos se produzam em relação ao futuro, impedindo ou diminuindo o benefício patrimonial a ser deferido à vítima. Aí estão identificados o dano positivo ou *damnum emergens* e o lucro frustrado ou *lucrum cessans*. As duas modalidades de dano podem, todavia, coincidir, assim como podem ocorrer distinta e insuladamente, conforme o caso concreto.[119]

Segundo Sergio Cavalieri Filho, a apuração dos lucros cessantes deve se dar segundo o princípio da razoabilidade, entendendo por razoável tudo aquilo que é adequado, necessário e proporcional, ou seja, "aquilo que o bom-senso diz que o credor lucraria, apurado segundo um juízo de probabilidade, de acordo com o normal desenrolar dos fatos. Não pode ser algo meramente hipotético, imaginário, porque tem que ter por base uma situação fática concreta".[120]

Definidas as premissas do primeiro gênero e suas duas espécies, necessária se faz a compreensão do dano extrapatrimonial, segundo gênero clássico da responsabilidade civil.

3.2.2 Dano Extrapatrimonial

Os ditos danos extrapatrimoniais não existiam expressamente no Código Civil de 1916. O seu surgimento se deu na doutrina e na jurisprudência, que batalharam arduamente pelo seu reconhecimento.

---

[119] DIAS, José de Aguiar. *Da responsabilidade civil*. 12. ed. Rio de Janeiro: Lumen Juris, 2011. p. 347.
[120] CAVALIERI FILHO, Sergio. *Programa de responsabilidade civil*. 15. ed. São Paulo: Atlas, 2021.

Wilson de Melo da Silva, em revisão histórica na sua clássica obra *O dano moral e sua reparação* nota que, no passado, a ressarcibilidade dos danos morais era objeto de repúdio e aceitação. Doutrinariamente, o dano moral era abraçado, naquele momento histórico, ao passo que, na jurisprudência era rebatido, em que pesem brilhantes votos vencidos a favor do seu reconhecimento. Os julgados, em sua maioria, quando não rechaçavam de pronto a pretensão, acabavam por determinar apenas a reparação dos reflexos patrimoniais dos danos extrapatrimoniais.[121]

A negativa da ressarcibilidade dos danos extrapatrimoniais fundamentava-se na dificuldade de apuração do prejuízo a ser indenizado. Em relação ao dano patrimonial, o prejuízo extrapatrimonial suportado pela vítima é de mais complexa compreensão, visto que a sua métrica não se obtém da matemática, mas da psicologia. Todavia, a doutrina e a jurisprudência pátria não se acovardaram diante desses argumentos, defendendo a indenizabilidade da vítima do dano extrapatrimonial.

Em robusto confronto com a tendência jurisprudencial do passado, Alvino Lima afirma a necessidade de "vencer o dano", advogando que não se deve "acastelar dentro de princípios abstratos ou de preceitos envelhecidos para nossa época, só por amor à lógica dos homens, à vaidade das concepções ou à moralistas de gabinete".[122]

No mesmo sentido, pontificava José de Aguiar Dias, reconhecendo que o surgimento do dano moral não era fenômeno isolado, mas resultado natural do Direito, afirmando que "O verdadeiro sentido dessa evolução é a preocupação de assegurar melhor justiça distributiva, com a adaptação das instituições antigas às exigências da vida moderna".[123] O autor continua concluindo que a transformação dos tempos, por vezes surpreendente, exige a "retificação das normas jurídicas", segundo princípios de boa-fé, estabelecendo limites à noção de responsabilidade.[124]

Esse movimento de transformação social do Direito é constatado em escala transnacional. O jurista peruano, Carlos Fernández Sessarego, reconhece tal movimento também em seu país, afirmando que a

---

[121] SILVA, Wilson Melo da. *O dano moral e sua reparação*. 3. ed. Rio de Janeiro: Forense, 1999. p. 561
[122] LIMA, Alvino. *Culpa e Risco*. São Paulo: Revista dos Tribunais, 1960. p. 334
[123] DIAS, José de Aguiar. *Da responsabilidade civil*. 12. ed. Rio de Janeiro: Lumen Juris, 2011. p. 17-18.
[124] DIAS, José de Aguiar. *Da responsabilidade civil*. 12. ed. Rio de Janeiro: Lumen Juris, 2011.

formação "oitocentista" se preocupava apenas com o ressarcimento dos danos materiais, ignorando prejuízos extrapatrimoniais suportados pelos indivíduos.[125]

Foi apenas após a promulgação da Constituição Federal de 1988, que fez constar dos incisos V e X do art. 5º expressamente a reparabilidade do dano moral, é que a discussão sobre a existência ou não do dano extrapatrimonial se extinguiu, permitindo a formação de um sistema mais ou menos pacífico de apuração e reparação dessa modalidade de dano.

Wilson Melo da Silva, refletindo sobre o dano extrapatrimonial, afirma que, "na ocorrência de uma lesão, manda o direito ou a equidade que não se deixe o lesado ao desamparo de sua própria sorte. E tanto faz que tal lesão tenha ocorrido no campo de seus bens materiais ou na esfera daqueles outros bens seus, de natureza ideal".[126]

Segundo Carlos Alberto Bittar, os danos morais (danos extrapatrimoniais) – segundo a esfera jurídica por eles atingida – "se traduzem em turbações de ânimo, em reações desagradáveis, desconfortáveis ou constrangedoras, ou outras desse nível, produzidas na esfera do lesado".[127] No mesmo sentido é o pensamento de Caio Mario da Silva Pereira, que afirma que o fundamento de reparabilidade do dano extrapatrimonial é a lesão aos direitos da personalidade da vítima, "não podendo conformar-se a ordem jurídica em que sejam impunemente atingidos", considerando ser ele "qualquer sofrimento humano que não é causado por uma perda pecuniária".[128]

Apesar de ter experimentado resistência doutrinária e jurisprudencial, a partir do reconhecimento do dano moral como resultante do dano ao direito à personalidade e da desnecessidade de efetiva dor ou sofrimento, passou a jurisprudência também a reconhecer a ocorrência

---

[125] No original: "Sólo de reciente, como es sabido, un sector de juristas ha logrado, con esfuerzo y de modo paulatino, adentrarse en esta categoría de daños hasta hace poco ignorada o preterida por aquellos hombres de derecho que, sobre la base de una formación ochocentista, se preocupaban solamente del resarcimiento del daño emergente y del lucro cesante y, ocasionalmente y no exentos de problemas, del mal llamado daño 'moral'. Es decir, centraban su atención exclusivamente en aquellos daños cuyas consecuencias son traducibles en dinero" (SESSAREGO, Carlos Fernández. Hacia una nueva sistematización del daño a la persona. *Derecho y Cambio Social*, [s. l.], v. 4, n. 12, 2007).

[126] SILVA, Wilson Melo da. *O dano moral e a sua reparação*. 3. ed. Rio de Janeiro: Forense, 1983. p. 561.

[127] BITTAR, Carlos Alberto. *Reparação Civil por Danos Morais*. Rio de Janeiro: Revista dos Tribunais, 1993. p. 31.

[128] PEREIRA, Caio Mario da Silva. *Responsabilidade civil*. 12. ed. atual. por Gustavo Tepedino. Rio de Janeiro: Forense, 2018. p. 75.

de danos morais cujas vítimas sejam pessoas jurídicas. Portanto, sendo a pessoa jurídica detentora de personalidade, a ofensa proferida que atinja a sua honra objetiva justifica a sua reparação pelo dano moral experimentado, até mesmo porque a natureza da indenização não é apenas reparatória, mas também punitiva.[129]

O dano extrapatrimonial é, portanto, uma violação direta à dignidade da vítima, que deve ser compensada – na falta de outros meios, como já mencionamos – por um valor de dinheiro, servindo como uma espécie de "reparação". O enunciado 445, também da V Jornada de Direito Civil, é cristalino, inclusive, ao afirmar que sentimentos humanos desagradáveis como dor ou sofrimento não precisam ser provados para a caracterização do dano extrapatrimonial.

A associação do dano extrapatrimonial com sentimentos negativos são uma confusão entre sintoma e causa. As sensações desagradáveis experimentadas são o resultado do dano imposto, não se confundindo um com o outro. A exigência de demonstração probatória do efetivo sofrimento, diante de todas as vicissitudes humanas, acabaria por inviabilizar o dano extrapatrimonial. O que se deve buscar, para a caracterização do dano extrapatrimonial, são os bens jurídicos socialmente reconhecidos e violados e não o resultado da violação.[130]

3.3 Princípio da Reparação Integral

O artigo 944 do Código Civil prevê o princípio da reparação integral nos seguintes termos: "A indenização mede-se pela extensão do dano". Se os danos materiais são apurados mais facilmente, a tarefa se torna mais hercúlea quando o assunto são os danos extrapatrimoniais.

---

[129] "Induvidoso, portanto, que a pessoa jurídica, embora não seja titular dos atributos próprios da personalidade humana – dignidade, privacidade, intimidade, decoro, autoestima, integridade física, psíquica e da saúde, que configuram a chamada honra subjetiva –, é detentora de alguns direitos especiais da personalidade, ajustáveis às suas características particulares, tais como o bom nome, a imagem, a reputação, o sigilo de correspondência etc., que configuram a chamada honra objetiva. Assim, apesar de não ser passível de sofrer dano moral em sentido estrito – ofensa à dignidade, por ser esta exclusiva da pessoa humana –, a pessoa jurídica pode sofrer dano moral em sentido amplo – violação de algum direito da personalidade –, porque é titular da honra objetiva, fazendo jus à indenização sempre que seu bom nome, credibilidade ou imagem forem atingidos por algum ato [i]lícito, a chamada honra profissional, variante da honra objetiva, entendida como valor social da pessoa perante o meio onde exerce a sua atividade" (CAVALIERI FILHO, Sergio. *Programa de responsabilidade civil*. 15. ed. São Paulo: Atlas, 2021).

[130] FARIAS, Cristiano Chaves de; ROSENVALD, Nelson; BRAGA NETTO, Felipe Peixoto. *Curso de Direito Civil*: responsabilidade civil. Salvador: Juspodivm, v. 3, 2014. p. 333.

Em apertada síntese, o objetivo do princípio da reparação integral é a reparação do patrimônio, material ou moral, do lesado à mesma condição anterior à lesão. É utópico pensar que os prejuízos suportados podem ser integralmente reparados, porém, para a adequada materialização do princípio, deve o aplicador do direito esforçar-se ao máximo para atingir o patamar mais próximo o possível do *status quo*.[131]

O princípio da reparação integral é pedra de toque da responsabilidade civil, entremeando-se a ela de forma fundamental, a partir do prisma da dignidade da pessoa humana. O dever de indenizar só deve ocorrer quando o valor violado for socialmente aceito e a vítima teve sua dignidade atingida de alguma forma.

Paulo de Tarso Vieira Sanseverino, ao discorrer sobre a reparação integral, afirma que a indenização não deve ser fixada de acordo com a conduta do ofensor, mas pela extensão do dano por ele causado ao patrimônio moral da vítima. O fundamento para a aplicação do princípio está na ideia precípua de justiça, desenvolvida por Aristóteles e, posteriormente, aperfeiçoada por Tomás de Aquino.[132]

Para que efetivamente se materialize o princípio da reparação integral é preciso que o (novo) dano seja reconhecido no caso concreto. Em assim sendo, tornam-se absolutamente irrelevantes critérios como a gravidade da ofensa ou a condição econômica das partes. Torna-se necessário apurar quais foram os efetivos danos suportados pelo indivíduo também no caso concreto.

Todavia, é interessante a constatação de que o princípio da reparação integral não é absoluto, devendo ser temperado em razão do princípio da equidade. O Código Civil, no parágrafo único do artigo 944, expressamente consagra a fórmula da equidade quando há excessiva desproporção entre a culpa do agente e o dano suportado pela vítima, buscando o ideário de justiça e afastando possível indenização excessiva.

---

[131] "Os modos de reparação dos prejuízos ligam-se à função primordial da responsabilidade civil, que é restabelecer o equilíbrio social rompido pelo dano, devendo-se tentar, na medida do possível, recolocar o prejudicado, ainda que de forma apenas aproximativa, na situação em que se encontraria caso o ato danoso não houvesse ocorrido" (SANSEVERINO, Paulo de Tarso Vieira. *Princípio da Reparação Integral*: indenização no Código Civil. São Paulo: Saraiva, 2010. p. 34).

[132] SANSEVERINO, Paulo de Tarso Vieira. *Princípio da Reparação Integral*: indenização no Código Civil. São Paulo: Saraiva, 2010. p. 48-57.

3.4 Novos danos no Direito brasileiro

Conforme já mencionamos, em que pese a preocupação esposada pela doutrina e pela jurisprudência, que a utilização de conceito aberto de danos possa vir a resultar em uma explosão incontrolável de danos, que se já observa na prática, é inegável que, com a transformação do tecido social, novos valores passem a ser tutelados pelo Direito, dando origem aos "novos danos", que passaremos a refletir a partir de agora.

3.4.1 Dignidade da pessoa humana como fundamento dos "novos danos"

Nessa nova realidade, o dano assume um papel central na responsabilidade civil, com a maximização do conteúdo dos princípios da dignidade da pessoa humana e da solidariedade. O avanço acelerado das tecnologias resulta em uma "vitimização maciça"[133] por novos comportamentos até então não imaginados, atingindo bens não patrimoniais sem valoração pelo Direito e, portanto, ainda não dignos de reparação.[134]

A constitucionalização do Direito Civil é caminho sem volta, colocando o ser humano como elemento nuclear de todo o ordenamento jurídico, todavia, há significativa dificuldade de materialização da

---

[133] "A preocupação com o significativo incremento de hipóteses de dano extrapatrimonial, situação cognominada como a "indústria do dano moral", não parece injustificada. Somente no âmbito do Superior Tribunal de Justiça, o número de ações com pedidos desta natureza aumentou quase 200 vezes nos últimos 10 anos. E isto evidentemente nem se compara com o crescimento exponencial ocorrido nos Juizados Especiais e na primeira instância. Não foi apenas o volume dos pedidos a inflacionar; o número de concessões e o seu valor sem qualquer critério têm gerado, como conseqüências previsíveis, de um lado, a banalização do dano moral e, de outro, a mercantilização das relações extrapatrimoniais" (MORAES, Maria Celina Bodin de. A constitucionalização do direito civil e seus efeitos sobre a responsabilidade civil. *Revista Direito, Estado e Sociedade*, [s. l.], v. 9, n. 29, 2006. p. 241).

[134] "Na atualidade, o dano adquiriu um papel central na responsabilidade civil. A consagração constitucional dos princípios da dignidade da pessoa humana e a solidariedade social, associada ao acelerado desenvolvimento tecnológico, deslocou a ênfase da conduta do agente para o dano ressarcível, assistindo-se ao surgimento de formidável tipologia de novos danos, na esteira do incremento de riscos e do potencial danoso trazido pelas novas invenções. Não parece exagerada, nesse cenário, a alusão à era dos danos. Dito de outro modo, ampliam-se as modalidades de danos ressarcíveis, notadamente no que concerne à lesão a interesses extrapatrimoniais. É o caso, por exemplo, das violações à integridade psicofísica e do chamado dano estético. Paralelamente, multiplicam-se as demandas com base em direitos supraindividuais, tais como os relativos ao meio ambiente e a direitos coletivos dos consumidores" (PEREIRA, Caio Mario da Silva. *Responsabilidade civil*. 12. ed. atual. por Gustavo Tepedino. Rio de Janeiro: Forense, 2018. p. 53).

dignidade humana, que não pode figurar no Direito como mero ornamento, mas efetivo eixo direcionador de comportamentos.

É evidente que nem tudo que aparentemente causa sofrimento à pessoa humana deve ser considerado dano reparável, mas tão somente aqueles que se enquadrem na condição de valores reconhecidos como relevantes pela coletividade.[135] O reconhecimento de novos valores deve ser analisado com bastante cuidado, sob pena de – na contramão – criarmos uma sociedade em que tudo é penalizado e, consequentemente, nutrindo uma opressão generalizada ao comportamento individual.[136]

O ideário da dignidade da pessoa humana não tem sua gênese no Direito, mas no cristianismo, não obstante a maioria das religiões tenha em seus ensinamentos conceitos semelhantes com relação ao tratamento que deve ser dado ao indivíduo.[137] Todavia, a ideia de que o homem foi criado à imagem e semelhança do mais sagrado dos sagrados, Deus, tenha pesado para fortemente valorizar o ser humano,[138] enquanto no passado a noção de dignidade – ainda que diversa do que hoje compreendemos por dignidade da pessoa humana – residia na diferenciação objetiva do ser humano inteligente, hierarquicamente superior aos demais animais.[139]

---

[135] "Frise-se, no entanto, que nem todo dano é reparável. Cumpre se mostre injusto, configurando-se pela invasão, contra ius, da esfera jurídica alheia, ou de valores básicos do acervo da coletividade, diante da evolução operada nesse campo. Realmente, endereçada, de início, à composição de danos na órbita do relacionamento privado, vem, no entanto, a teoria da responsabilidade civil sendo utilizada para a proteção de bens da coletividade como um todo, ou de valores por ela reconhecidos como relevantes" (BITTAR, Carlos Alberto. *Reparação Civil por Danos Morais*. Rio de Janeiro: Revista dos Tribunais, 1993. p. 25).

[136] SCHREIBER, Anderson. *Novos paradigmas da responsabilidade civil*: da erosão dos filtros da reparação à diluição dos danos. 6. ed. São Paulo: Atlas, 2015. p. 126.

[137] Henrique Garbellini Carnio e Francisco de Assis Basilio de Morais reconhecem essa miríade religiosa, atentando para o seguinte: "Por seu turno, a religião romana originou-se da combinação de diversos cultos e variadas influências. Crenças etruscas, gregas e orientais foram incorporadas aos costumes tradicionais romanos para adaptá-los às novas necessidades do povo. O Estado romano propagava uma religião oficial que prestava culto aos grandes deuses de origem grega, porém com nomes latinos, como por exemplo, Júpiter, pai dos deuses; Marte, deus da guerra, ou Minerva, deusa da arte. [...] O que se verifica, na sociedade romana, é uma influência marcante da religião na elaboração de normas de conduta aplicadas pelos magistrados, por intermédio das fórmulas, aos conflitos de interesse entre patrícios e plebeus" (CARNIO, Henrique Garbellini; MORAES, Francisco de Assis Basilio de. A religiosidade, fé e a dignidade humana: limites à atuação do Estado brasileiro. *Revista Pensamento jurídico*, São Paulo, v. 11, n. 2, jul./dez. 2017). Essa mesma Roma, fruto desse caldeirão cultural e com esses costumes religiosos posteriormente converte-se ao cristianismo, que reflete a mesma noção de dignidade humana da época.

[138] SARLET, Ingo Wolfgang. *Dignidade da Pessoa Humana e Direitos Fundamentais na Constituição Federal de 1988*. 8. ed. Porto Alegre: Livraria do Advogado, 2010. p. 31-32.

[139] "No que diz com a concepção vigente neste período (mas que, de certa forma, segue presente nos dias de hoje, quando se fala na dignidade de cargos e funções, na honra

A conversão religiosa do mundo ocidental ao cristianismo foi, contudo, o parâmetro para a formação da dignidade humana como elemento sociocultural fundamental, superando o seu aspecto religioso para atingir um status absolutamente independente de qualquer confissão religiosa, como propôs Immanuel Kant.[140]

Kant formula um imperativo prático da dignidade humana, no sentido de que o homem deve agir de forma tal que a sua dignidade (e a do outro) não seja um simples meio para atingir um fim, mas o próprio motivo da sua existência: "age de tal maneira que uses a humanidade, tanto na tua pessoa como na pessoa de qualquer outro, sempre simultaneamente como fim e nunca simplesmente como meio".[141] Ainda, segundo Kant, "no reino dos fins, tudo tem ou um preço ou uma dignidade. Quando uma coisa tem um preço, pode-se pôr em vez dela qualquer outra como equivalente; mas quando uma coisa está acima de todo o preço, e, portanto, não permite equivalente, então tem ela dignidade".[142]

---

e imagem da pessoa no seu contexto social, etc.), importa destacar, recolhendo aqui a lição de Paolo Becchi, que no mundo romano antigo, a noção de dignidade humana adquire – precisamente por influência do pensamento de Cícero, primeiro a ressaltar ambas as acepções – um duplo significado, visto que, por um lado o homem possui uma dignidade que decorre de sua posição mais alta na hierarquia da natureza, já que é o único ser racional dentre os animais, o que lhe assegura uma posição especial no universo (sentido absoluto de dignidade), ao passo que, já em outro sentido, relativo, a dignidade está vinculada à posição social do indivíduo, posição esta que poderá ser alterada ao longo da sua existência" (SARLET, Ingo Wolfgang. *Dignidade da Pessoa Humana e Direitos Fundamentais na Constituição Federal de 1988*. 8. ed. Porto Alegre: Livraria do Advogado, 2010. p. 33-34).

[140] "O homem, e, duma maneira geral, todo o ser racional, existe como fim em si mesmo, não só como meio para o uso arbitrário desta ou daquela vontade. Pelo contrário, em todas as suas ações, tanto nas que se dirigem a ele mesmo como nas que se dirigem a outros seres racionais, ele tem sempre de ser considerado simultaneamente como fim. [...] Portanto, o valor de todos os objetos que possamos adquirir pelas nossas ações é sempre condicional. Os seres cujas existências dependem, não em verdade da nossa vontade, mas da natureza, têm, contudo, se são seres irracionais, apenas um valor relativo como meios, e por isso se chamam coisas, ao passo que os seres racionais se chamam pessoas, porque sua natureza os distingue já como fins em si mesmos, quer dizer, como algo que não pode ser empregado como simples meio e que, por conseguinte, limita nessa medida todo o arbítrio (e é um objeto do respeito). Estes não são, portanto, meros fins subjetivos, quer dizer, coisas cuja existência é em si mesma um fim, e um fim tal que se não pode pôr nenhum outro no seu lugar em relação ao qual essas coisas servissem apenas como meios; porque de outro modo nada em parte alguma se encontraria que tivesse valor absoluto; mas se todo o valor fosse condicional e por conseguinte contingente, em parte alguma se poderia encontrar um princípio prático supremo para a razão." (KANT, Immanuel. Fundamentação da Metafísica dos Costumes. *In*: KANT, Immanuel. *Textos selecionados*. Tradução de Paulo Quintela. São Paulo: Abril Cultural, 1984. p. 134-135).

[141] KANT, Immanuel. Fundamentação da Metafísica dos Costumes. *In*: KANT, Immanuel. *Textos selecionados*. Tradução de Paulo Quintela. São Paulo: Abril Cultural, 1984. p. 135.

[142] KANT, Immanuel. Fundamentação da Metafísica dos Costumes. *In*: KANT, Immanuel. *Textos selecionados*. Tradução de Paulo Quintela. São Paulo: Abril Cultural, 1984. p. 140.

O pensamento kantiano serviu de base – nas doutrinas nacional e alienígena – para a identificação e até a conceituação da dignidade da pessoa humana. Essa concepção, todavia, sofreu e ainda sofrerá ajustes e adaptações de acordo com a evolução – e involução[143] – social, econômica e jurídica.[144]

É importante destacar que o Constituinte de 1988 exerceu uma opção ousada no tratamento constitucional da dignidade da pessoa humana, não a fazendo constar do rol de garantias fundamentais dos artigos 5º e 6º da Constituição, mas elevando o conceito de dignidade da pessoa humana à fundamento republicano, que direciona a existência de todo o ordenamento jurídico, ampliando os direitos constitucionais para muito além do que está taxativamente inserido no texto constitucional, constituindo um valor normativo essencial.

Como afirma Ingo Sarlet, o conteúdo da dignidade humana não é fechado, devendo harmonizar-se com o pluralismo e a diversidade de valores das sociedades contemporâneas, que estão em constante processo de construção e desenvolvimento, exigindo uma persistente concretização e delimitação pela práxis jurídica como um todo.[145]

Os incisos V e X do artigo 5º da Constituição são verdadeiras declarações de intolerância aos danos eventualmente suportados pelos indivíduos, mencionando o texto maior expressamente os gêneros de dano material e moral como indenizáveis, bem como fazendo menção expressa ao dano à imagem, como categoria de dano indenizável.

Em que pese apenas essas três categorias tenham sido expressamente mencionadas, isso não significa que sejam essas as únicas categorias indenizáveis. Conforme mencionamos há pouco, a fixação da dignidade humana como fundamento republicano amplia o conteúdo dos artigos 5º e 6º da Constituição para muito além do literal. Essa amplitude foi compreendida pelo legislador infraconstitucional que, ao editar as legislações infraconstitucionais, socorreu-se de um modelo

---

[143] Apesar de já termos defendido que no Brasil se aplique o princípio da proibição do retrocesso social, que seria uma decorrência da própria dignidade humana, o que se percebe na prática e que devem ser combatidas, são oscilações na noção de dignidade humana. Nesse sentido, conferir: TARTUCE, Flávio; SILVA, Bruno Casagrande e. A aplicação das Convenções Internacionais de Varsóvia e Montreal em detrimento do Código de Defesa do Consumidor: uma crítica à decisão do Supremo Tribunal Federal em face do princípio da proibição do retrocesso. *Revista de Direito do Consumidor*, v. 27, n. 115, 2018.

[144] SARLET, Ingo Wolfgang. *Dignidade da Pessoa Humana e Direitos Fundamentais na Constituição Federal de 1988.* 8. ed. Porto Alegre: Livraria do Advogado, 2010. p. 39-40.

[145] SARLET, Ingo Wolfgang. *Dignidade da Pessoa Humana e Direitos Fundamentais na Constituição Federal de 1988.* 8. ed. Porto Alegre: Livraria do Advogado, 2010. p. 49.

de cláusula aberta de dano para regular a ressarcibilidade dos danos de qualquer natureza.

Nesse sentido, precisa é a revisão história e crítica tecida por Anderson Schreiber:

> Antiga orientação é a de que a seleção dos interesses merecedores de tutela jurídica consiste em tarefa não do intérprete, mas do legislador. Tal ideia vinha expressamente acolhida nos sistemas antes referidos como típicos ou fechados, mas, mesmo nos sistemas atípicos ou abertos, a jurisprudência permaneceu, por longo tempo, à espera do legislador, especialmente no que tange à tutela ressarcitória. Em alguns casos, a interpretação dominante nos tribunais acabou mesmo por produzir o "fechamento" de sistemas originalmente abertos sobre categorias que exigiam a manifestação prévia do legislador.
>
> [...]
>
> A insuficiência da técnica regulamentar se torna ainda mais evidente quando se trata de tutelar a dignidade humana. A constante alteração da realidade social desafiou, repetidamente, o entendimento doutrinário que pretendia reduzir o valor constitucional da dignidade humana a um rol taxativo de direitos da personalidade. No Brasil, nem o tratamento aparentemente típico dos "direitos da personalidade" por parte do novo Código Civil afetou o largo espectro de proteção da dignidade humana, hoje reconhecida como valor abrangente de múltiplas manifestações da personalidade, independentemente de seu expresso reconhecimento legislativo. Parece enfim consolidada entre nós a lição de Gustavo Tepedino, segundo a qual "as previsões constitucionais e legislativas, dispersas e casuísticas, não logram assegurar à pessoa proteção exaustiva, capaz de tutelar as irradiações da personalidade em todas as suas possíveis manifestações. Com a evolução cada vez mais dinâmica dos fatos sociais, torna-se assaz difícil estabelecer disciplina legislativa para todas as possíveis situações jurídicas de que seja a pessoa humana titular".[146]

A opção constitucional de 1988 serviu para colocar uma "pá de cal" na discussão sobre a ressarcibilidade de danos não patrimoniais, reconhecendo expressamente o patrimônio imaterial como indenizável, servindo como parâmetro para a compreensão ampliativa do conceito que permitiu exsurgir os ditos "novos danos".

---

[146] SCHREIBER, Anderson. *Novos paradigmas da responsabilidade civil*: da erosão dos filtros da reparação à diluição dos danos. 6. ed. São Paulo: Atlas, 2015. p. 123-125.

3.4.2 O dano e a seleção em concreto dos interesses tutelados

O reconhecimento social do dano, como elemento violador da dignidade da pessoa humana, não deve ser – por si próprio – tido como o único elemento constitutivo para a configuração dos novos danos.

Da outra ponta, as cláusulas abertas empregadas pela legislação pátria outorgam principalmente ao Poder Judiciário a discricionariedade no reconhecimento dos danos indenizáveis.[147] É fácil constatar, em retrospectiva, que quando foi "aberta a porta" para a indenização por danos morais, uma avalanche de processos foi ajuizada visando monetizar cada menor mal-entendido e desagrado suportado pelos autores. Ao apenas buscarmos definir interesses merecedores de tutela de forma objetiva seria repetir a experiência da "indústria do dano moral".[148]

Já propusemos que, diante de tal paradoxo, uma possível solução seria a combinação desses elementos, cabendo a doutrina e ao Poder Judiciário apreciar os interesses tutelados de forma precisa e objetiva, furtando-se de proferir generalizações, mas verificando se efetivamente um valor é reconhecido pelo ambiente social e, consequentemente, um dano pode ser experimentado por eventual vítima.

Deve-se evitar com grande esforço a presunção da existência do dano, devendo-se apurar a sua efetividade na esfera moral subjetiva das vítimas, desencorajando aventuras judiciais autocentradas. Evidentemente, caberá à jurisprudência um papel de maior atuação na seleção desses interesses, porém esta deverá sempre estar atenta à ciência jurídica produzida pela doutrina e aos clamores da sociedade.

---

[147] SCHREIBER, Anderson. *Novos paradigmas da responsabilidade civil*: da erosão dos filtros da reparação à diluição dos danos. 6. ed. São Paulo: Atlas, 2015. p. 140.

[148] "[...] o reconhecimento judicial de novos interesses tutelados em abstrato, se implica na admissão de um dano ressarcível, resulta, igualmente, em uma nova causa legitimadora de outros danos. A chancela geral e abstrata de um novo interesse concede admissibilidade não apenas aos novos pedidos de ressarcimento fundados em situações inteiramente diversas, mas empresta legitimação a toda conduta lesiva que realiza aquele interesse em lesão a outros. A insuficiência legislativa diante da realidade contemporânea se reflete na dogmática civilística não apenas no que se refere ao dano, mas também às causas excludentes de ilicitude, em especial no 'exercício regular de um direito', igualmente desvinculado, em se guardando o mínimo de coerência, de uma prévia tipificação legislativa na forma de direito subjetivo" (SCHREIBER, Anderson. *Novos paradigmas da responsabilidade civil*: da erosão dos filtros da reparação à diluição dos danos. 6. ed. São Paulo: Atlas, 2015. p. 141).

Todavia, no que diz respeito ao lucro da intervenção, tal deliberação é desnecessária, visto que o dano decorrente do lucro ilícito conta de previsão legislativa expressa, conforme trataremos no capítulo seguinte em que ingressamos notadamente no objeto principal do presente trabalho, conciliando tudo aquilo que foi produzido até agora.

O DANO PELO LUCRO DA INTERVENÇÃO

O dano decorrente do lucro da intervenção, ou dano pelo lucro ilícito, é fruto da tese de doutoramento de Sérgio Savi. Defende o jurista que "ao intervir na esfera jurídica alheia, normalmente usando, consumindo ou dispondo dos bens e direitos de outrem, o interventor pode vir a obter um lucro, denominado doutrinariamente de lucro da intervenção".[149]

O trabalho de Savi é, desde sua publicação, o paradigma para o estudo do lucro da intervenção. Assim, ainda que trabalhemos com outras doutrinas e jurisprudência, sem dúvidas, o presente trabalho deverá seguir a partir desses pressupostos para alcançar suas conclusões.

Ao fim e ao cabo do seu trabalho, o referido pesquisador concluiu que o lucro da intervenção deve ser alocado sob a bandeira do enriquecimento sem causa, por compreender que a responsabilidade civil não deve servir à punição do agente, mas apenas à reparação da vítima afirmando que "se este [interventor] obteve ou não algum lucro é questão a qual a responsabilidade civil não deve se importar".[150]

Ousamos, no entanto, discordar das conclusões daquele trabalho, sendo que a base teórica para justificar o lucro da intervenção é o enriquecimento sem causa, efeito fortemente combatido pelo direito pátrio, regulado pelo direito das obrigações nos artigos 884 a 886 do

---

[149] SAVI, Sérgio. *Responsabilidade civil e enriquecimento sem causa*: o lucro da intervenção. São Paulo: Atlas, 2012. p. 143.

[150] SAVI, Sérgio. *Responsabilidade civil e enriquecimento sem causa*: o lucro da intervenção. São Paulo: Atlas, 2012. p. 145.

Código Civil.[151] No entanto, conforme passaremos a analisar, o lucro da intervenção não há por que ser apartado da responsabilidade civil, mas é preciso – a partir da construção histórica da disciplina – compreender o *locus* que esse gênero da responsabilidade civil ocupa.

4.1 O enriquecimento sem causa como base legislativa da existência do dano pelo lucro da intervenção

É importante termos em mente que o enriquecimento sem causa não é mera regra de direito material, mas constitui verdadeiro princípio do Direito. Segundo Maria Helena Diniz, o princípio do enriquecimento sem causa é fundado na noção de equidade, sendo vedado a qualquer um enriquecer à custa de outra pessoa e sem justa causa.[152]

O instituto do enriquecimento sem causa, como elemento autônomo do Direito das Obrigações, remonta ao Direito Romano, que, por meio das *condictiones*, eram ações específicas para evitar o locupletamento. Aquele que enriquecesse com a coisa alheia, devia restituí-la ao próprio dono *"iure naturae arquum est neminem cum alterius detrimento et injuria fieri locupletionarem"* (Segundo o direito natural, é de equidade que ninguém se torne mais rico com o prejuízo e em detrimento de outrem).[153]

Existem cinco elementos clássicos para manejar a ação *in rem verso*, necessários para a configuração do enriquecimento sem causa: a) enriquecimento de quem recebe o lucro (*accipiens*); b) empobrecimento do que paga ou sofre o prejuízo (*solvens*); c) relação de causalidade entre os dois fatos; d) ausência de contrato ou lei (causa jurídica); e) inexistência de ação específica.[154]

---

[151] Art. 884 Aquele que, sem justa causa, se enriquecer à custa de outrem, será obrigado a restituir o indevidamente auferido, feita a atualização dos valores monetários. Parágrafo único. Se o enriquecimento tiver por objeto coisa determinada, quem a recebeu é obrigado a restituí-la, e, se a coisa não mais subsistir, a restituição se fará pelo valor do bem na época em que foi exigido. Art. 885 A restituição é devida, não só quando não tenha havido causa que justifique o enriquecimento, mas também se esta deixou de existir. Art. 886 Não caberá a restituição por enriquecimento, se a lei conferir ao lesado outros meios para se ressarcir do prejuízo sofrido.

[152] DINIZ, Maria Helena. *Código Civil anotado*. 10. ed. São Paulo: Saraiva, 2004. p. 608.

[153] PEREIRA, Caio Mario da Silva. *Responsabilidade civil*. 12. ed. atual. por Gustavo Tepedino. Rio de Janeiro: Forense, 2018. p. 287.

[154] GONÇALVES, Carlos Roberto. *Direito Civil Brasileiro*: responsabilidade civil. 8. ed. São Paulo: Saraiva, v. 4, 2013. p. 624.

Não obstante os requisitos clássicos, foi aprovado na I Jornada de Direito Civil o Enunciado Doutrinário nº 35: "A expressão 'se enriquecer à custa de outrem' do art. 884 do novo Código Civil não significa, necessariamente, que deverá haver empobrecimento". Portanto, para o Código Civil de 2002 não é necessário que haja decréscimo patrimonial da vítima, mas tão somente, acréscimo injustificado do *accipiens*.

Portanto, o Código Civil não exige o empobrecimento como requisito para a configuração do enriquecimento sem causa, bastando que haja o enriquecimento à custa de outrem.[155] Essa compreensão já permite iniciarmos a reflexão de que o enriquecimento sem causa, como cláusula geral do ordenamento jurídico, que dispensa o empobrecimento da vítima, é – por si próprio – um valor jurídico expressamente reconhecido por lei.

O Código Civil valoriza o enriquecimento fruto do esforço próprio, porém repudia aquele que "fica à espreita, esperando um *golpe de mestre* para enriquecer-se à custa de outrem".[156]

É preciso notar que, observados os requisitos para configuração do enriquecimento sem causa, também estão presentes os requisitos essenciais da responsabilidade civil, quais sejam, o ato ilícito, doloso ou culposo, o nexo de causalidade e o dano, que não necessariamente precisa ser a redução patrimonial, conforme expresso no Enunciado 35 da I Jornada de Direito Civil, mas consubstancia-se no próprio lucro ilícito.

A dispensa da diminuição patrimonial da vítima mantém íntima relação com a proposta do dano pelo lucro ilícito. Conforme já vimos, os danos são devidos em razão de lesões decorrentes dos direitos da personalidade, que – não poucas vezes – ocorrem sem redução do patrimônio pessoal da vítima. Além disso, com o reconhecimento da autonomia dos danos, a indenização não é limitada a um eventual decréscimo patrimonial, podendo ser concedida uma indenização correspondente ao lucro ilícito acumulado, independentemente das demais reparações.

Nesse sentido, afirma Flávio Tartuce que "o lucro da intervenção mantém íntima relação com a dispensa do empobrecimento para que o enriquecimento sem causa esteja presente. Isso porque é cabível a

---

[155] NANNI, Giovanni Ettore. *Enriquecimento sem causa*. 3. ed. São Paulo: Saraiva, 2012. p. 250.
[156] TARTUCE, Flávio. *Direito Civil*: direito das obrigações e responsabilidade civil. 12. ed. Rio de Janeiro: Forense, v. 2, 2017. p. 33.

ação fundada na categoria diante dos ganhos do interventor, sem que a outra parte tenha sofrido prejuízos diretos".[157]

Assim, para a configuração e compreensão do lucro da intervenção dentro da sistemática da responsabilidade civil, o art. 884 do Código Civil funciona como cláusula peculiar de dano *in re ipsa*.

É importante anotar que a ideia de apurar a responsabilidade civil a partir do lucro auferido pelo interventor conta com previsão expressa no inciso II do artigo 210 da Lei de Propriedade Industrial (Lei 9.279, de 1996)[158] e no artigo 103 da Lei 9.610, 1998.[159]

Ainda que a Lei 9.279, de 1996, faça expressa menção aos "lucros cessantes", a alternatividade prevista no dispositivo indica o dano pelo lucro da intervenção apesar da espécie lucro cessante, que se enquadra perfeitamente nos incisos I e III do dispositivo. Já o artigo 103 da Lei 9.610, de 1998, não se acanha em definir o lucro da intervenção, transferindo o lucro do interventor diretamente para a vítima.

O Superior Tribunal de Justiça, na aplicação do disposto no artigo 103 da Lei 9.610, de 1998, afirmou o direito da Microsoft Corporation a receber o lucro auferido pelo interventor, tendo afirmado o Relator, Ministro Luiz Felipe Salomão, que "a responsabilidade civil, como sistema de natureza complexa onde transitam uma série de finalidades sociais, que não se exaurem numa mera função compensatória, necessita de uma aplicação punitiva que traga ínsita não apenas o caráter compensador mas, ainda, o inibidor da prática do ilícito".[160]

---

[157] TARTUCE, Flávio. *Manual de responsabilidade civil*. Rio de Janeiro: Forense; São Paulo: Método, 2018. p. 520.

[158] Art. 210 Os lucros cessantes serão determinados pelo critério mais favorável ao prejudicado, dentre os seguintes: I - os benefícios que o prejudicado teria auferido se a violação não tivesse ocorrido; ou II - os benefícios que foram auferidos pelo autor da violação do direito; ou III - a remuneração que o autor da violação teria pago ao titular do direito violado pela concessão de uma licença que lhe permitisse legalmente explorar o bem.

[159] Art. 103 Quem editar obra literária, artística ou científica, sem autorização do titular, perderá para este os exemplares que se apreenderem e pagar-lhe-á o preço dos que tiver vendido.

[160] "RESPONSABILIDADE CIVIL. DIREITO AUTORAL. PROGRAMA DE COMPUTADOR (SOFTWARE). AUSÊNCIA DE PREQUESTIONAMENTO DOS ARTIGOS 186, 944 e 927, DO CÓDIGO CIVIL. POSSIBILIDADE DE IDENTIFICAÇÃO NUMÉRICA DA CONTRAFAÇÃO. INAPLICABILIDADE DO ARTIGO 103, PARÁGRAFO ÚNICO DA LEI 9610/98. INDENIZAÇÃO DEVIDA NOS TERMOS DO ARTIGO 102 DA LEI 9.610/98. RECURSO ESPECIAL PROVIDO. 1. "A pena pecuniária imposta ao infrator não se encontra restrita ao valor de mercado dos programas apreendidos. Inteligência do art. 102 da Lei 9.610/98 – 'sem prejuízo da indenização cabível' – na fixação do valor da indenização pela prática da contrafação" (REsp 1.136.676 – RS, Rel. Min. Nancy Andrighi) 2. O simples pagamento, pelo contrafator, do valor de mercado por cada exemplar apreendido, não

Conforme já vimos, a legislação pátria estabeleceu um conceito aberto de dano, porém, não há qualquer impedimento para que a própria legislação pressuponha a existência de um dano, como ocorre no enriquecimento sem causa. Havendo um arrepio do sistema ao ganho sem justificativa, é lícito – e expresso – que o acréscimo patrimonial desmotivado faz nascer um dano a ser indenizado àquele que – mesmo sem empobrecimento – alavancou os lucros indevidos.

Sérgio Savi afirma que o lucro não pode ficar no patrimônio do interventor, devendo ser transferido ao titular do bem ou direito objeto da intervenção, pois este faz jus a toda a "potencialidade econômica dos bens e direitos integrantes do seu patrimônio".[161]

4.2 O *leading* case – Caso Giovanna Antonelli (REsp 1.698.701/RJ)

Em abril de 2018, no âmbito a VIII Jornada de Direito Civil, foi aprovado o Enunciado 620, com a seguinte redação: "A obrigação de restituir o lucro da intervenção, entendido como a vantagem patrimonial auferida a partir da exploração não autorizada de bem ou direito alheio, fundamenta-se na vedação do enriquecimento sem causa".[162]

Esse enunciado antecedeu em alguns meses o julgamento do REsp 1.698.701/RJ, que reconheceu – definitivamente – o lucro da intervenção como modalidade de responsabilidade civil, sendo inspirado por diversas decisões que já vinham proferidas pelo Poder Judiciário no sentido do seu reconhecimento.[163]

---

corresponde à indenização pelo dano causado decorrente do uso indevido, e muito menos inibe a sua prática. 3. *O parágrafo único do art. 103 da Lei nº 9.610/98 tem sua aplicação condicionada à impossibilidade de quantificação dos programas de computador utilizados sem a devida licença, o que não é o caso dos autos.* 4. Recurso especial parcialmente conhecido e provido" (BRASIL. Superior Tribunal de Justiça. *Recurso Especial (REsp) nº 1.185.943/RS (Rio Grande do Sul)*. Relator: Ministro Luis Felipe Salomão. Pesquisa de Jurisprudência, Decisão Plenária, 15 de fevereiro de 2011. Grifos nossos).

[161] SAVI, Sérgio. *Responsabilidade civil e enriquecimento sem causa*: o lucro da intervenção. São Paulo: Atlas, 2012. p. 144.

[162] BRASIL. Conselho da Justiça Federal. *Enunciado 620*. VIII Jornada de Direito Civil. Brasília, DF, 2015.

[163] "APELAÇÃO – FRUSTRAÇÃO DO CONTRATO – DEMORA NA REGULARIZAÇÃO DE BEM – INADIMPLEMENTO QUALIFICADO – DESCASO COM O CONSUMIDOR – DANO MORAL – DESVIO PRODUTIVO – MANUTENÇÃO DO JULGADO. – Dever de indenizar (artigos 186 e 927, do Código Civil) – confessa violação do dever de higidez do produto com evidente descaso na satisfação do contrato – atraso de quase dez meses para a transferência regular da documentação do veículo alienado; – Responsabilidade civil que tem o condão de punir condutas ilícitas, especialmente quando reiteradamente

Em 02 de outubro de 2018, a Terceira Turma do Superior Tribunal de Justiça julgou o recurso reconhecendo o dano decorrente do lucro ilícito envolvendo o uso não autorizado da imagem da conhecida atriz brasileira Giovanna Antonelli em campanha publicitária.[164]

Nota-se, portanto, que o julgado reconhece o afastamento do caráter subsidiário da ação *in rem verso*, condenando o ofensor, além de aos danos morais e materiais, ao dano pelo lucro da intervenção no grau da contribuição de cada uma das partes para a formação do lucro, conforme já abordamos retro.

---

adotadas por justificativas econômicas ("lucro ilícito"). 'Tese do 'desvio produtivo do consumidor' – valor de acordo com a extensão do dano (art. 944, do Código Civil) e de acordo com os paradigmas jurisprudenciais; – Manutenção da decisão por seus próprios e bem lançados fundamentos – artigo 252 do Regimento Interno do Tribunal de Justiça de São Paulo; RECURSO NÃO PROVIDO" (SÃO PAULO. Tribunal de Justiça. *Apelação 0006881-56.2014.8.26.0081*. Relatora: Desembargadora Maria Lúcia Pizzotti. Pesquisa de Jurisprudência, Decisão Plenária, 13 de janeiro de 2017).

[164] RECURSO ESPECIAL. DIREITO CIVIL. USO INDEVIDO DE IMAGEM. FINS COMERCIAIS. ENRIQUECIMENTO SEM CAUSA. ART. 884 DO CÓDIGO CIVIL. JUSTA CAUSA. AUSÊNCIA. DEVER DE RESTITUIÇÃO. LUCRO DA INTERVENÇÃO. FORMA DE QUANTIFICAÇÃO. 1. Recurso especial interposto contra acórdão publicado na vigência do Código de Processo Civil de 2015 (Enunciados Administrativos nºs 2 e 3/STJ). 2. Ação de indenização proposta por atriz em virtude do uso não autorizado de seu nome e da sua imagem em campanha publicitária. Pedido de reparação dos danos morais e patrimoniais, além da restituição de todos os benefícios econômicos que a ré obteve na venda de seus produtos. 3. Além do dever de reparação dos danos morais e materiais causados pela utilização não autorizada da imagem de pessoa com fins econômicos ou comerciais, nos termos da Súmula nº 403/STJ, tem o titular do bem jurídico violado o direito de exigir do violador a restituição do lucro que este obteve às custas daquele. 4. De acordo com a maioria da doutrina, o dever de restituição do denominado lucro da intervenção encontra fundamento no instituto do enriquecimento sem causa, atualmente positivado no art. 884 do Código Civil. 5. O dever de restituição daquilo que é auferido mediante indevida interferência nos direitos ou bens jurídicos de outra pessoa tem a função de preservar a livre disposição de direitos, nos quais estão inseridos os direitos da personalidade, e de inibir a prática de atos contrários ao ordenamento jurídico. 6. A subsidiariedade da ação de enriquecimento sem causa não impede que se promova a cumulação de ações, cada qual disciplinada por um instituto específico do Direito Civil, sendo perfeitamente plausível a formulação de pedido de reparação dos danos mediante a aplicação das regras próprias da responsabilidade civil, limitado ao efetivo prejuízo suportado pela vítima, cumulado com o pleito de restituição do indevidamente auferido, sem justa causa, às custas do demandante. 7. Para a configuração do enriquecimento sem causa por intervenção, não se faz imprescindível a existência de deslocamento patrimonial, com o empobrecimento do titular do direito violado, bastando a demonstração de que houve enriquecimento do interventor. 8. Necessidade, na hipótese, de remessa do feito à fase de liquidação de sentença para fins de quantificação do lucro da intervenção, observados os seguintes critérios: a) apuração do quantum debeatur com base no denominado lucro patrimonial; b) delimitação do cálculo ao período no qual se verificou a indevida intervenção no direito de imagem da autora; c) aferição do grau de contribuição de cada uma das partes e d) distribuição do lucro obtido com a intervenção proporcionalmente à contribuição de cada partícipe da relação jurídica. 9. Recurso especial provido (BRASIL. Superior Tribunal de Justiça. *Recurso Especial (REsp) nº 1.698.701/RJ (Rio de Janeiro)*. Relator: Ministro Ricardo Villas Bôas Cueva. Pesquisa de Jurisprudência, Decisão Plenária, 02 de outubro de 2018).

Ainda que tenha esse sido um primeiro julgado, a competência constitucional conferida ao STJ nos permite concluir que o dano pelo lucro da intervenção não é mais uma propositura teórica, mas uma realidade jurídica, abrindo as portas para a discussão da sua natureza, como ocorreu no passado com o dano moral.

O Ministro Relator, Ricardo Villas Boas Cueva, acertadamente imiscuiu-se nas questões envolvendo a ação por enriquecimento sem causa e a responsabilidade civil pelo lucro da intervenção, reconhecendo que a ação *in re ipsa* tem caráter subsidiário, somente manejável quando – nos termos do artigo 886 do Código Civil – não houver outra forma de ressarcimento do dano suportado, não sendo exclusiva, no entanto.

A partir do expresso reconhecimento do lucro da intervenção, passamos a refletir sobre ele como gênero autônomo da responsabilidade civil, diante de suas peculiaridades.

4.3 A incompatibilidade de inserção do lucro da intervenção nos gêneros patrimoniais e extrapatrimoniais

Sem dúvidas há uma forte resistência em entender o lucro da intervenção como elemento da responsabilidade civil, encontrando fundamento na norma inserida no artigo 944 do Código Civil que vaticina que "a indenização mede-se pela extensão do dano".

Essa norma, todavia, não deve ser considerada um impedimento para a configuração da responsabilidade civil pelo lucro da intervenção, mas como efetivo guia para o seu reconhecimento, pois ao reconhecermos o lucro ilícito como efetivo dano, a medida da indenização corresponderá aos ganhos líquidos do interventor, sem se confundir com os danos patrimoniais e não patrimoniais.

As Leis 9.279, de 1996, e 9.610, de 1998, expressamente reconhecem tal face da reparabilidade, devendo servir como guias para compreensão e aplicação do 944 do Código Civil, a partir de um dano expressamente reconhecido pelo artigo 884, que determina a restituição do lucro indevido.

Há ainda parcela da doutrina que busca refúgio no fato de a responsabilidade não ter uma função punitiva, mas reparadora do dano. Segundo esses doutrinadores, se o lucro for alcançado pela responsabilidade civil, estaremos diante de danos punitivos, que causam arrepio à regra imposta do artigo 944 do Código Civil. Todavia, esse argumento não faz qualquer sentido porque a própria norma jurídica afirma que o lucro ilícito é indevido e deve ser ressarcido na sua totalidade.

Não há falar em pena extraordinária, não há qualquer função punitiva ilegal, mas apenas a aplicação sistemática das normas que já estão expressamente previstas no próprio texto do Código Civil, isso sem falarmos nas fontes externas, como o Código de Defesa do Consumidor e as leis que regulam a propriedade intelectual.

A necessidade de um elemento autônomo (enriquecimento sem causa) para alcançar-se exatamente o mesmo resultado que se alcança na responsabilidade civil é mero preciosismo teórico, repetindo-se as mesmas ladainhas que retardaram o reconhecimento do dano moral no Brasil. E, diferentemente do que aconteceu com o dano moral, o lucro da intervenção é expressamente vedado pelo ordenamento jurídico, não se podendo cogitar em pena privada.

Sergio Savi por sua vez, ao refletir sobre o valor a ser restituído propõe a seguinte fórmula:

> [...] a regra geral para a determinação do objeto da restituição será a utilização do enriquecimento patrimonial, do lucro de fato auferido, como premissa inicial do cálculo do montante a restituir. Verificado o enriquecimento patrimonial do interventor, o juiz deverá aferir o grau de contribuição de cada um dos partícipes da relação, titular do direito e interventor, no resultado final e, com base nisso, partilhar proporcionalmente o lucro obtido com a intervenção, respeitando-se, sempre a regra de que a restituição ao titular do direito jamais poderá ser inferior ao enriquecimento real do interventor. Todavia, quando restar comprovado nos autos que o interventor agiu de boa-fé, o objeto da restituição deverá limitar-se ao enriquecimento real (ou objetivo), ou seja, o preço de mercado do bem ou pelo seu uso. Corroboramos tal possibilidade, fazendo, contudo, uma ressalva. Partindo da milenar parêmia de que "a boa-fé se presume, a má-fé se prova."[165]

Não há nesse modelo qualquer espécie de punição do interventor, estando perfeitamente de acordo com o disposto no artigo 944 do Código Civil quando lido sistematicamente com o disposto no artigo 884 do mesmo diploma.

---

[165] SAVI, Sérgio. *Responsabilidade civil e enriquecimento sem causa*: o lucro da intervenção. São Paulo: Atlas, 2012. p. 146.

É necessário superarmos a compreensão de que a responsabilidade civil pelo lucro da intervenção corresponde a uma modalidade de "pena civil". O artigo 884 do Código Civil tem a finalidade de equalização de ganhos, impedindo que a má-fé se imponha sobre a boa-fé.

Para compreensão do lucro da intervenção como espécie da responsabilidade civil, portanto, faz-se necessário refletir sobre os elementos fundamentais da responsabilidade civil e a sua adequação, dentro de um gênero próprio, distinto dos danos patrimoniais e extrapatrimoniais.

4.4 O lucro da intervenção como gênero autônomo de responsabilidade civil

Conforme já vimos, não é pacífica a discussão sobre quais são os elementos fundamentais da responsabilidade civil. Com o avanço da disciplina, elementos fundantes como a culpa, perderam lugar e relevância para outros, sendo que o dano passou a ser o protagonista da responsabilidade civil.

É justamente diante do protagonismo do dano que se fundamenta a responsabilidade civil pelo lucro da intervenção. Quando olhamos para esse elemento, há um aparente estranhamento dada a sua "inadequação" como norma inserida no artigo 944 do Código Civil, mas essa inadequação é resultado da leitura equivocada do lucro da intervenção dentro dos modelos clássicos da responsabilidade civil.

Se olharmos para os danos materiais de forma pura, conforme já refletimos, a sua reparabilidade deve ser matemática, apurada na exata medida da subtração patrimonial experimentada pela vítima. Essa leitura é justamente o que inspirou a norma inserida no artigo 944.

Todavia, o artigo 944 perde relevância quando refletimos sobre o dano extrapatrimonial, que – essencialmente – não tem conteúdo exato, sendo a indenização pecuniária uma espécie de compensação, que acarreta o empobrecimento do ofensor e o enriquecimento do ofendido, pois o dano extrapatrimonial não é passível de mensuração monetária, realizando o magistrado uma ponderação axiológica traduzida em valores monetários.[166]

---

[166] MARTINS-COSTA, Judith; PARGENDLER, Mariana Souza. Usos e abusos da função punitiva (*punitive damages* e o Direito brasileiro). *Revista CEJ*, [s. l.], v. 9. n. 28. p. 15-32, 2005.

Note-se, todavia, que não há uma letra jurídica no Código Civil que defina a compensação dos danos extrapatrimoniais de forma pecuniária, sendo essa saída uma construção totalmente abstrata a partir da ordem de indenização, inserida nos incisos V e X do artigo 5º da Constituição.

A indenização não precisa ser financeira, podendo consistir em diversos meios e espécies, porém não há na doutrina ou jurisprudência um só jurista que hoje em dia afirme que a indenização do dano extrapatrimonial não deva se dar de forma pecuniária. Foi apenas em 2017, com a reforma introduzida na Consolidação da Leis do Trabalho, que expressamente associou a indenização extrapatrimonial a dinheiro, quando no §1º do artigo 223-G as indenizações foram "tabeladas" utilizando-se o salário do ofendido, afirmando que a indenização deve ser efetivamente paga.

Conforme já repetimos reiteradamente, o artigo 884 do Código Civil expressamente afirma que o enriquecimento à custa de outrem gera um dano àquele que sofreu a intervenção, obrigando a restituição do indevidamente auferido. O termo "restituição" não pode ser lido de forma vazia, pois, se há algo a se restituir, isso significa que foi tomado indevidamente. Assim, diante desse dispositivo legal, não há como não se reconhecer um dano *in re ipsa* expressamente previsto na legislação.

É evidente que, por todo o exposto, o lucro da intervenção não pode ser tido como uma espécie de dano material, visto que não pode ser apurado matematicamente pela subtração patrimonial da vítima. Não há, nesses casos, necessariamente uma subtração patrimonial e esse elemento não pode ser considerado fundamental, conforme já restou pacífico pela doutrina e pela jurisprudência.

Se analisarmos o lucro da intervenção pelo prisma dos danos extrapatrimoniais, também não há adequação, pois não há necessariamente lesão aos direitos da personalidade da vítima, ainda que com esses possam ser cumulados (*v.g.*, dano à imagem, perda de uma chance, desvio produtivo etc.).

Todavia, a inadequação aos dois gêneros não pode bastar para afastar o lucro da intervenção da disciplina da responsabilidade civil, mas exige a compreensão de que ele compõe um gênero próprio, que dará origem às suas espécies individuais, com a eleição de valores sociais considerados relevantes com o desenvolvimento temporal, removendo o enriquecimento sem causa e redistribuindo-o a quem é de Direito.

Vale destacar que o surgimento de um novo gênero da responsabilidade civil sem alteração legislativa não é algo novo, mas objeto ordinário da responsabilidade civil. Como ciência em acelerada evolução, a compreensão de novos valores que constituam danos sempre dará azo a novas hipóteses de responsabilização.

Por fim, Nelson Rosenvald reconhece a relevância do lucro da intervenção integrar a responsabilidade civil, propondo – para tanto – uma singela alteração legislativa no artigo 944 do Código Civil, inserindo nele um parágrafo com a seguinte redação:

> Art. 944 A indenização mede-se pela extensão do dano.
>
> §1º Em alternativa à reparação de danos patrimoniais, a indenização compreenderá uma soma razoável correspondentes à violação de um direito e, quando necessário, à remoção dos lucros ou vantagens auferidas pelo lesante em conexão com a prática do ilícito.[167]

O dano pelo lucro da intervenção não precisa de alteração legislativa formal, pois, diferentemente do que ocorreu com a responsabilidade civil objetiva, ele já encontra previsão expressa na letra da lei, no artigo 884. Também não há a necessidade de questionamentos maiores sobre a sua existência, pois essa é afirmada pelo artigo 884 do Código Civil e reconhecida pela doutrina e jurisprudência contemporâneas, sendo a inclusão do referido parágrafo mera regra de aplicação sistemática ou de referência ao mencionado dispositivo.

Assim, havendo a compreensão simples de que o enriquecimento do interventor em detrimento da vítima configura um dano, nos estritos termos do artigo 927 do Código Civil, o lucro da intervenção sempre foi um gênero autônomo da responsabilidade civil, redefinindo-se o *locus* do enriquecimento sem causa para a responsabilidade civil.

---

[167] ROSENVALD, Nelson. *A responsabilidade civil pelo ilícito lucrativo*: o *disgorgement* e a indenização restituitória. Salvador: Juspodivm, 2019. p. 533.

CONCLUSÃO

A responsabilidade civil é uma disciplina de valores! Uma proposta civilizatória que busca, na medida do possível, a implementação de Justiça quando o indivíduo experimenta dano injusto.

Se no passado remoto, a responsabilidade civil era apenas uma forma de satisfação patrimonial, na presente era da responsabilidade civil – fortemente influenciada pelos princípios da dignidade humana e da solidariedade – ela se agiganta com uma dupla função, reparação e prevenção.

A opção legislativa pela generalidade – constitucional e infraconstitucional – permitiu, a partir da tecnologia jurídica, que o Direito, fruto da imaginação e criação humana, passasse de um instrumento de opressão do grande sobre o pequeno, para tornar-se um meio de homogeneização e equalização dos indivíduos.

É evidente que nenhum sistema é perfeito. Seria um pensamento utópico acreditar que apenas pelo fato de estarmos diante do Direito, o gigante se apequena e o fraco se fortalece. O Direito é formado pela transformação social, pela eleição de valores, pela coletividade, para que, aí sim, o pequeno possa se agigantar.

São movimentos sociais, por exemplo, como o #MeToo e #BlackLiveMatters (#VidasPretasImportam, no Brasil) que transformam a sociedade, porém há constantemente uma transformação silenciosa, ocorrendo dentro da sociedade pela consolidação de experiências e sofrimentos. Essas transformações, em um sistema de *civil law*, não são capazes de alterar o texto taxativo da lei, mas são, sim, capazes de mudar a percepção e o resultado da hermenêutica lançada sobre eles.

Goffredo Telles Júnior afirmou que "As leis não são relações concretas. São relações ideais".[168] O Direito Quântico, defendido pelo autor, que usualmente é referido por Direito Natural, é o resultado daquilo que naturalmente surge da inteligência humana, sendo "destilado nos engenhos da seleção natural [...], o Direito que brota da 'alma' do povo".[169]

Não se propôs, nesse trabalho, uma ruptura com o modelo de *civil law*, adotando-se teorias alienígenas de danos punitivos que – se forem punições puras – definitivamente não se enquadram em nosso ordenamento jurídico, regulado pelo princípio da legalidade. O que se buscou foi a ressignificação da principiologia constitucional civil e da responsabilidade civil, para se buscar uma resposta que justamente reflita a "alma do povo".

O século XX transformou fortemente a humanidade. Em razão da globalização humana, nunca uma coletividade tão grande foi afetada por tantos eventos que ocorreram em locais remotos, como as duas guerras mundiais, a era dos jatos, a corrida espacial, a Guerra Fria, o surgimento e a bancarrota do modelo comunista na União das Repúblicas Socialistas Soviéticas, a queda do muro de Berlim, o surgimento da Internet, o atentado terrorista de 11 de setembro de 2001, entre outros tantos eventos.

A verdade é que a evolução dos meios de transporte e de comunicação foram permitindo que todo o globo experimentasse cada vez mais rapidamente os efeitos dos eventos mencionados acima, transformadores da alma dos seres humanos. Nem toda transformação foi positiva, mas esses "eventos globais" sem dúvida não foram nem são passíveis de serem ignorados.

O ser humano constrói a sua realidade sobre o passado, sobre suas experiências de dor e superação. Se, no começo do século XX, a I Guerra Mundial assolou notadamente a Europa, ecoando em algumas partes do mundo notícias em jornais e rádio com dias de atraso, o atentado de 11 de setembro, que ocorreu nos Estados Unidos da América, transformou instantaneamente o mundo todo que acompanhou a queda do World Trade Center, em tempo real, nos seus televisores, dentro de suas casas.

---

[168] TELLES Júnior, Goffredo. *O Direito Quântico*: ensaio sobre o fundamento da ordem jurídica. São Paulo: Max Limonad, 1985. p. 230.

[169] TELLES Júnior, Goffredo. *O Direito Quântico*: ensaio sobre o fundamento da ordem jurídica. São Paulo: Max Limonad, 1985.

Esses eventos têm o condão de forçar o reconhecimento da nossa própria humanidade e ressaltar os direitos dela decorrentes.

A responsabilidade civil, nesse cenário, exerce um papel nuclear em qualquer sociedade. Como se viu, se no passado, o sistema era limitado a prejuízos pecuniários, hoje – com a ampliação do conteúdo da dignidade da pessoa humana – ele funciona como remédio para as dores da mesma alma que forma o Direito.

No primeiro capítulo deste trabalho revisitamos a relevância dos valores na formação do Direito, conforme mencionamos acima, demonstrando que a transformação experimentada pela responsabilidade civil, desde o Código de Napoleão até os dias de hoje, transformou o instituto em sua forma e conteúdo.

O aumento de bens tutelados, a dispensa da culpa e a transformação do nexo de causalidade, permitiu um modelo de responsabilidade civil menos calcado em dinheiro e mais focado na busca de restaurar a vítima ao seu estado anterior, seja por meios monetários ou não.

A sociedade atual, como um todo, clama por um ideal (incerto) de Justiça, de combate ao ilícito e de punição do infrator. Ninguém deve ou deveria ser vítima, exigindo-se comportamentos conscientes e ações concretas para evitar danos, não servindo a omissão (consciente ou inconsciente) como formas de abster-se do dever de indenizar.

É evidente que se deve tomar cuidado com um agigantamento exagerado da responsabilidade civil, sob pena de – eventualmente – todo e qualquer comportamento ser considerado de risco. Cabe ao jurista a leitura do caso concreto para compreender não apenas o fato, mas o valor jurídico tutelado. O "mimimi", expressão que hoje expressa lamúria ou ladainha vazia, não deve ser objeto da responsabilidade civil, mas a leitura do que é ou não exagero deve caber ao intérprete da norma no caso concreto, evitando a banalização do instituto.

No que diz respeito ao principal objeto desta investigação, o dano, assentamos que há, além da indenização monetária, outras formas de reparação. Os princípios da dignidade da pessoa humana e da reparação integral precisam se ressignificados para compreensão de que nem toda reparação deve ser pecuniária e que o lucro ilícito alheio é dano suportado pela vítima e não mero fato jurídico ilícito.

Procurou-se superar a ideia clássica de que o "pagamento da dívida" é a única forma de reparação dos danos, sendo possível que ele ocorra de diversas formas. Poderia um dano material ser objeto de satisfação com um pedido formal de desculpas? Acreditamos perfeitamente que sim. É mais que hora de superarmos a visão financeira de indenização, para – em sintonia com uma sociedade cada vez menos apegada – compreendermos que a reparação integral é aquela que recupera a alma alheia daquilo que lhe foi injustamente imposto.

O lucro da intervenção, hoje expressamente reconhecido pelo Superior Tribunal de Justiça, deve ser compreendido como um dano suportado pela vítima. A extração do lucro indevido do patrimônio do interventor e a sua transferência para o patrimônio da vítima não se coaduna, em uma leitura sistemática dos artigos 927, 944 e 884 do Código Civil, como uma medida de reequilíbrio social, combatendo o enriquecimento de má-fé tão combatido pelo sistema jurídico como um todo.

A transferência de dinheiro não é indenização, é a reparação do dano da vítima, que se sentiu vilipendiada e da sociedade, que repugna o aviltamento, pela subtração daquilo que não deveria ter adquirido às custas de outrem. O fato de os bens serem transferidos para vítima é resultado da vontade expressa do legislador, que reconhecendo que sendo ela a causa daquele evento financeiro positivo, deva ser a titular imediata do que nasceu com o seu sofrimento.

Sobremais, acreditamos que, em que pese a reflexão de parcela da doutrina no sentido de que há necessidade de alteração legislativa para a inserção do lucro da intervenção na responsabilidade civil, conforme vimos, não há necessidade. A própria proposta de Nelson Rosenvald, transcrita ao fim do último parágrafo, nada mais é do que um dispositivo regulador de hermenêutica jurídica, justamente integrando aquilo que já consta dos artigos 927, 944 e 884 do Código Civil e de legislação extravagante.

No caso do lucro da intervenção, o desenvolvimento de uma nova espécie de responsabilidade civil permitirá não apenas uma função educativa, que já existe em função da previsão do artigo 884 do Código Civil, mas uma ampliação de bens jurídicos tutelados, permitindo, por exemplo, a sua utilização em campos como Direito do Consumidor, Direito Ambiental, Responsabilidade Civil do Estado etc.

Não se pretende redesenhar o conceito de dano! O que se busca é compreendê-lo dentro das suas peculiaridades, partindo de partir de uma noção principiológica da dignidade humana e da solidariedade constitucionais, reconhecendo que o puro e simples crescimento patrimonial do interventor é, em si próprio, o dano experimentado pela vítima, persistindo enquanto essa riqueza permanecer na esfera de bens do autor do ato ilícito. O dano se mede pela extensão, e – portanto – a subtração do enriquecimento é a única forma de extinguir esse dano e restabelecer o *status quo ante*.

Lembremo-nos do sofrimento e de quanto foi combatido o desenvolvimento do dano extrapatrimonial como gênero autônomo da responsabilidade civil, até ser confirmado em 1988. O uso do termo "confirmação" não é leviano, pois não foi a Constituição de 1988 que criou o dano moral, mas apenas e tão somente, confirmou a sua existência, como fruto da própria experiência humana.

Enfim, não há motivos, jurídicos ou sociais, para postergarmos o reconhecimento maciço do lucro da intervenção como gênero da responsabilidade civil, pois, como se viu ao longo deste trabalho, os elementos essenciais da responsabilidade se adequam perfeitamente à proposta e à regra matriz do artigo 927 do Código Civil, contando a proposta com a espécie de dando qualificada, *in re ipsa,* que se extrai da interpretação literal do artigo 884 do Código Civil, que também estabelece inclusive os liames necessários para a apuração da reparação.

REFERÊNCIAS

ABREU, Rogério Roberto Gonçalves. Teoria do dano ilícito. *In*: DELGADO, Mario Luiz; ALVES, Jones Figueirêdo (coord.). *Questões controvertidas no novo Código Civil*. São Paulo: Método, v. 5, 2006. p. 507-528.

ALVES, Alaor Caffé. A Função Ideológica do Direito. *Revista da Faculdade de Direito de São Bernardo do Campo*, [s. l.], v. 8, 2015. Disponível em: https://revistas.direitosbc.br/fdsbc/article/view/486. Acesso em: 28 de outubro de 2022.

ALVES, Alaor Caffé. *Lógica*: pensamento formal e argumentação. 5. ed. São Paulo: Quartier Latin, 2005.

ALVES, José Carlos Moreira. *Direito Romano*. 18. ed. Rio de Janeiro: Forense, 2018.

ARGENTINA. Ley 26.994, de 7 de outubro de 2014. *Código Civil y Comercial de la Nación*. Boletín Oficial n. 32985, Buenos Aires, 08 out. 2014. Disponível em: http://servicios.infoleg.gob.ar/infolegInternet/anexos/235000-239999/235975/norma.htm. Acesso em: 14 set. 2022.

BARBOSA, Ana Mafalda Castanheira Neves de Miranda. *Danos*: uma leitura personalista da responsabilidade civil. Cascais: Principia, 2018.

BARBOSA, Mafalda Miranda. *Liberdade vs. Responsabilidade*: a precaução como fundamento da imputação delitual? Coimbra: Almedina, 2006.

BARROSO, Lucas Abreu. Novas Fronteiras da obrigação de indenizar e da determinação da responsabilidade civil. *In*: DELGADO, Mario Luiz; ALVES, Jones Figueirêdo (coord.). *Questões controvertidas no novo Código Civil*. São Paulo: Método, v. 5, 2006. p. 359-370.

BECK, Ulrich. *Risk Society*: Towards a New Modernity. New Delhi: Sage, 1992.

BESSA, Leonardo Roscoe. Dano moral coletivo. *Revista Direito e Liberdade*, Mossoró, v.7, n. 3, p. 237-274, 2007. Disponível em: https://www.esmarn.tjrn.jus.br/revistas/index.php/revista_direito_e_liberdade/article/view/86/77. Acesso em: 14 set. 2022.

BITTAR FILHO, Carlos Alberto. Do dano moral coletivo no atual contexto jurídico brasileiro. *Portal Jus Navigandi*, [s. l.], 17 jan. 2005. Disponível em: https://jus.com.br/artigos/6183/do-dano-moral-coletivo-no-atual-contexto-juridico-brasileiro. Acesso em: 14 set. 2022.

BITTAR, Carlos Alberto. *Reparação Civil por Danos Morais*. Rio de Janeiro: Revista dos Tribunais, 1993.

BORGES, Roxana Cardoso Brasileiro. Direito de personalidade e dignidade: da responsabilidade civil para a responsabilidade constitucional. *In*: DELGADO, Mario Luiz; ALVES, Jones Figueirêdo (coord.). *Questões controvertidas no novo Código Civil*. São Paulo: Método, v. 5, 2006. p. 557-582.

BRASIL. Conselho da Justiça Federal. *Enunciado 159*. III Jornada de Direito Civil. Brasília, DF, 2004. Disponível em: http://www.cjf.jus.br/enunciados/enunciado/274. Acesso em: 14 set. 2022.

BRASIL. Conselho da Justiça Federal. *Enunciado 444*. V Jornada de Direito Civil. Brasília, DF, 2012. Disponível em: https://www.cjf.jus.br/enunciados/enunciado/362. Acesso em: 14 set. 2022.

BRASIL. Conselho da Justiça Federal. *Enunciado 620*. VIII Jornada de Direito Civil. Brasília, DF, 2015. Disponível em: http://www.cjf.jus.br/enunciados/enunciado/1169. Acesso em: 14 set. 2022.

BRASIL. Superior Tribunal de Justiça. *Recurso Especial (REsp) nº 1.185.943/RS (Rio Grande do Sul)*. Relator: Ministro Luis Felipe Salomão. Pesquisa de Jurisprudência, Decisão Plenária, 15 de fevereiro de 2011. Disponível em: https://scon.stj.jus.br/SCON/IndexPdf. Acesso em: 14 set. 2022.

BRASIL. Superior Tribunal de Justiça. *Recurso Especial (REsp) nº 1.698.701/RJ (Rio de Janeiro)*. Relator: Ministro Ricardo Villas Bôas Cueva. Pesquisa de Jurisprudência, Decisão Plenária, 02 de outubro de 2018. Disponível em: https://scon.stj.jus.br/SCON/IndexPdf. Acesso em: 14 set. 2022.

BRUN, Philippe. *Responsabilidad civil extracontractual*. Tradução de Cynthia Téllez Gutiérrez e Eduardo Cárdenas Miranda. Lima: Instituto Pacífico, 2015.

CAHALI, Yussef Said. *Dano Moral*. 3 ed. São Paulo: Revista dos Tribunais, 2005.

CARNAÚBA, Daniel Amaral. *Responsabilidade civil pela perda de uma chance*: a álea e a técnica. Rio de Janeiro: Forense; São Paulo: Método, 2013.

CARNIO, Henrique Garbellini; MORAES, Francisco de Assis Basilio de. A religiosidade, fé e a dignidade humana: limites à atuação do Estado brasileiro. *Revista Pensamento jurídico*, São Paulo, v. 11, n. 2, jul./dez. 2017. Disponível em: https://fadisp.com.br/revista/ojs/index.php/pensamentojuridico/article/view/107. Acesso em: 14 set. 2022.

CARVALHO NETO. Inácio de. Responsabilidade civil decorrente do abuso do direito. *In*: DELGADO, Mario Luiz; ALVES, Jones Figueirêdo (coord.). *Questões controvertidas no novo Código Civil*. São Paulo: Método, v. 5, 2006. p. 243-320.

CASTILHO, Ricardo. *Filosofia Geral e Jurídica*. 7. ed. São Paulo: Saraiva, 2021.

CATALAN, Marcos. *A morte da culpa na responsabilidade contratual*. 2. ed. Indaiatuba: Foco, 2019.

CAVALIERI FILHO, Sergio. *Programa de responsabilidade civil*. 15. ed. São Paulo: Atlas, 2021.

CENDON, Paolo; ZIVIZ, Patrizia. *Il risarcimento de danno esistenziale*. Milão: Giuffrè Editore, 2003.

CÍCERO. *Dos deveres*. São Paulo: Martin Claret, 2007.

COAGUILA, Carlos Aberto; DE TRAZEGNIES GRANDA, Fernando; PANTALEÓN PRIETO, Fernando; LORENZETTI, Ricardo Luis (dir.). *Tratado de Responsabilidad Civil Contractual y extracontractual*. Breña: Instituto Pacífico, v. I, 2015.

COAGUILA, Carlos Aberto; DE TRAZEGNIES GRANDA, Fernando; PANTALEÓN PRIETO, Fernando; LORENZETTI, Ricardo Luis (dir.). *Tratado de Responsabilidad Civil Contractual y extracontractual*. Breña: Instituto Pacífico, v. II, 2015.

COELHO, Fábio Ulhoa. *Curso de Direito Civil:* Obrigações. Responsabilidade. 3. ed. São Paulo: Saraiva, 2009.

CORREIA, Alexandre; SCIASCIA, Gaetano. *Manual de Direito Romano*. 5. ed. Rio de Janeiro: Livros, Cadernos, [197-?]. Série Cadernos Didáticos.

CORTE INTERAMERICANA DE DIREITOS HUMANOS. *Caso Loayza Tamayo Vs. Perú*. Sentença de 27 nov. 1998. Série C, n. 42. Disponível em: http://www.corteidh.or.cr/docs/casos/articulos/seriec_42_esp.pdf. Acesso em: 14.09.2022.

CRETELLA JÚNIOR, José. *Curso de Direito Romano:* direito romano colocado em paralelo com o direito civil brasileiro. 27. ed. Rio de Janeiro: Forense, 2002.

CRUZ, Gisela Sampaio da. *O problema do Nexo Causal na responsabilidade civil*. Rio de Janeiro: Renovar, 2005.

DANTAS BISNETO, Cícero. *Formas não monetárias de reparação do dano moral*: uma análise do dano extrapatrimonial à luz do princípio da reparação adequada. Florianópolis: Tiranto Lo Blanch, 2019.

DELGADO, Mário Luiz. *Codificação, descodificação e recodificação do direito civil brasileiro*. São Paulo: Saraiva, 2011.

DELGADO, Mário Luiz. Direitos da Personalidade nas Relações de Família. *In*: CONGRESSO BRASILEIRO DE DIREITO DE FAMÍLIA, 5., 2005, Belo Horizonte. *Anais* [...]. Belo Horizonte: Instituto Brasileiro do Direito de Família, 2005. Disponível em: http://www.ibdfam.org.br/_img/congressos/anais/34.pdf. Acesso em: 14 set. 2022.

DELGADO, Mário Luiz. *Novo direito intertemporal brasileiro*: da retroatividade das leis civis: problemas do direito intertemporal no Código Civil – doutrina e jurisprudência. 2. ed. São Paulo: Saraiva, 2014.

DELMA-MARTY, Meirelle. *Por um direito comum*. Tradução de Maria Ermantina de Almeida Prado Galvão. São Paulo: Martins Fontes, 2004.

DESSAUNE, Marcos. *Teoria aprofundada do desvio produtivo do consumidor*: o prejuízo do tempo desperdiçado e a vida alterada. 2 ed. Vitória: Edição Especial do Autor, 2017.

DIAS, José de Aguiar. *Cláusula de não indenizar*. Rio de Janeiro: Revista Forense, 1947.

DIAS, José de Aguiar. *Da responsabilidade civil*. 12. ed. Rio de Janeiro: Lumen Juris, 2011.

DIAS, José de Aguiar. *Da responsabilidade civil*. Rio de Janeiro: Forense, v. 1, 1944.

DINIZ, Maria Helena. *Código Civil anotado*. 10. ed. São Paulo: Saraiva, 2004.

DINIZ, Maria Helena. *Curso de Direito Civil Brasileiro*. 18. ed. São Paulo: Saraiva, v. 1, 2002.

DINIZ, Maria Helena. *Curso de Direito Civil Brasileiro*: responsabilidade civil. 17. ed. São Paulo: Saraiva, v. 7, 2003.

DONEDA, Danilo. Os direitos da personalidade no Código Civil. *In*: TEPEDINO, Gustavo (coord.). *O código civil na perspectiva civil-constitucional*. Rio de Janeiro: Renovar, 2013.

FACHIN, Luiz Edson. *Teoria Crítica do Direito Civil*: à luz do novo Código Civil Brasileiro. 3. ed. Rio de Janeiro: Renovar 2012.

FACHIN, Zulmar Antonio. *A proteção jurídica da imagem*. São Paulo: Celso Bastos Editor, 1999.

FALCON, Candelaria Araoz. Dano ao "Projeto de Vida": Um Novo Horizonte às Reparações dentro do Sistema Interamericano de Direitos Humanos? *Revista Direitos Humanos e Democracia*, [s. l.], v. 3, n. 5, mar. 2015. Disponível em: https://www.revistas.unijui.edu.br/index.php/direitoshumanosedemocracia/article/view/4039. Acesso em: 14 set. 2022.

FARIAS, Cristiano Chaves de; ROSENVALD, Nelson; BRAGA NETTO, Felipe Peixoto. *Curso de Direito Civil*: responsabilidade civil. Salvador: Juspodivm, v. 3, 2014.

FRANÇA, Rubens Limongi. *A irretroatividade das leis e o direito adquirido*. 3. ed. São Paulo: Revista dos Tribunais, 1982.

FRANÇA, Rubens Limongi. *Instituições de Direito Civil*. São Paulo: Saraiva, 1988.

FRANÇA, Rubens Limongi. *Jurisprudência da responsabilidade civil*. São Paulo: Revista dos Tribunais, 1981.

FRANÇA, Rubens Limongi. *Manual de Direito Civil*. 4. ed. São Paulo: Revista dos Tribunais, v. 1, 1980.

FROTA, Hidemberg Alves da, BIÃO, Fernanda Leite. A dimensão existencial da Pessoa Humana, o dano existencial e o dano ao projeto de vida: reflexões à luz do Direito Comparado. *Cadernos da Escola de Direito*, [s. l.], v. 2, n. 13, 2017. Disponível em: https://portaldeperiodicos.unibrasil.com.br/index.php/cadernosdireito/article/view/2688. Acesso em: 29 fev. 2024.

FROTA, Hidemberg Alves da. Noções fundamentais sobre o dano existencial. *Revista eletrônica do Tribunal Regional do Trabalho da 9ª Região*, Curitiba, v. 2, n. 22, set. 2013. Disponível em: https://juslaboris.tst.jus.br/handle/20.500.12178/95532. Acesso em: 14 set. 2022.

FROTA, Pablo Malheiros da Cunha. *Responsabilidade por danos*: imputação e nexo de causalidade. Curitiba: Juruá, 2014.

GAGLIANO, Pablo Stolze. *Responsabilidade civil pela perda do tempo*. [S. l.], 25 dez. 2012. Facebook: Pablo Stolze @pablostolze. Disponível em: https://www.facebook.com/pablostolze/posts/399780266678827. Acesso em: 14 set. 2022.

GAGLIANO, Pablo Stolze; PAMPLONA FILHO, Rodolfo. *Novo curso de Direito Civil*: responsabilidade civil. 11. ed. São Paulo: Saraiva, v. 3, 2013.

GIORDANI, Mario Curtis. *Iniciação do Direito Romano*. 3. ed. Rio de Janeiro: Lumen Juris, 1996.

GONÇALVES, Carlos Roberto. *Direito Civil Brasileiro*: contratos e atos unilaterais. 8. ed. São Paulo: Saraiva, v. 3, 2011.

GONÇALVES, Carlos Roberto. *Direito Civil Brasileiro*: responsabilidade civil. 8. ed. São Paulo: Saraiva, v. 4, 2013.

GRAMSTRUP, Erik Frederico. Responsabilidade objetiva na cláusula geral codificada nos microssistemas. *In*: DELGADO, Mario Luiz; ALVES, Jones Figueirêdo (coord.). *Questões controvertidas no novo Código Civil*. São Paulo: Método, v. 5, 2006. p. 152-140.

HIGA, Flávio da Costa. *Responsabilidade civil punitiva*: os "punitive damages" no Direito Brasileiro. Rio de Janeiro: Lumen Juris, 2016.

HIRONAKA, Giselda Maria Fernandes Novaes. Evolução de fundamentos e paradigmas da responsabilidade civil na contemporaneidade. *In*: DELGADO, Mario Luiz; ALVES, Jones Figueirêdo (coord.). *Questões controvertidas no novo Código Civil*. São Paulo: Método, v. 5, 2006. p. 197-222.

HIRONAKA, Giselda Maria Fernandes Novaes. *Responsabilidade pressuposta*. Belo Horizonte: Del Rey, 2005.

JOSSERAND, Louis. Evolução da responsabilidade civil. *Revista Forense*, Rio de Janeiro, v. 86, n. 454, p. 548-559, 1941.

KANT, Immanuel. Fundamentação da Metafísica dos Costumes. *In*: KANT, Immanuel. *Textos selecionados*. Tradução de Paulo Quintela. São Paulo: Abril Cultural, 1984.

LIMA, Alvino. *Culpa e Risco*. São Paulo: Revista dos Tribunais, 1960.

LINS, Thiago. *O lucro da Intervenção e o direito à imagem*. Rio de Janeiro: Lumen Juris, 2016.

LOBO, Paulo Luiz Netto. Direito Civil Constitucional. *Cadernos da Escola de Direito*, Curitiba, v. 2, n. 13, p. 1-31, 2010. Disponível em: https://portaldeperiodicos.unibrasil.com.br/index.php/cadernosdireito/issue/view/80. Acesso em: 14 set. 2022.

LOPEZ, Tereza Ancona. *O dano estético*: responsabilidade civil. 3. ed. São Paulo: Revista dos Tribunais, 2004.

MARINHO JÚNIOR, Jânio Urbano. Responsabilidade civil de provedores de internet, websites e gestores de aplicativos de redes sociais. *Revista de Direito Privado*, São Paulo, ano 19, n. 91, jul. 2018.

MARTINS, Sergio Pinto. *Dano decorrente do contrato de trabalho*. 5. ed. São Paulo: Saraiva, 2018.

MARTINS-COSTA, Judith. Apresentação. *In*: SILVA, Rafael Peteffi da. *Responsabilidade civil pela perda de uma chance*: uma análise do direito comparado e brasileiro. 3. ed. São Paulo: Atlas, 2013.

MARTINS-COSTA, Judith. Dano moral à brasileira. *Revista do Instituto de Direito Brasileiro*, Lisboa, ano 3, n. 9, 2014. Disponível em: https://www.cidp.pt/revistas/ridb/2014/09/2014 _09_07073_07122.pdf. Acesso em: 14 set. 2022.

MARTINS-COSTA, Judith. Os danos à pessoa no Direito Brasileiro e a natureza da sua reparação. *Revista da Faculdade de Direito da UFRGS*, Porto Alegre, v. 19, mar. 2001. Disponível em: http://www.seer.ufrgs.br/revfacdir/article/download/71527/40589. Acesso em: 14 set. 2022.

MARTINS-COSTA, Judith; PARGENDLER, Mariana Souza. Usos e abusos da função punitiva (*punitive damages* e o Direito brasileiro). *Revista CEJ*, [s. l.], v. 9. n. 28. p. 15-32, 2005. Disponível em: https://revistacej.cjf.jus.br/cej/index.php/revcej/article/view/643 Acesso em: 14 set. 2022.

MATIELO, Fabrício Zamprogna. *Dano moral, dano material e reparação*. 5. ed. Porto Alegre: Sagra Luzzatto, 2001.

MAXIMILIANO, Carlos. *Hermenêutica e aplicação do direito*. 20. ed. Rio de Janeiro: Forense, 2011.

MELLO, Celso Antonio Bandeira de. *Curso de Direito Administrativo*. 16ª ed. São Paulo: Malheiros, 2003.

MICHELLAZZO, Busa Machenzie. *Do dano moral*: teoria, legislação, jurisprudência e prática. 4. ed. São Paulo: Lawbook, 2000.

MONATERI, Pier Giuseppe. El perjuicio existencial como voz del dano no patrimonial. Tradução de Carlos Antonio Agurto Gonzáles e Sonia Lidia Quequejana Mamani. *In*: AGURTO GONZÁLES, Carlos; CALDERÓN PUERTAS, Carlos Alberto. *La responsabilidad civil*. Lima: Motivensa, v. III, 2010. Serie Observatorio de Derecho civil. Disponível em: https://www.academia.edu/22167973/EL_PERJUICIO_EXISTENCIAL_ COMO_VOZ_DEL_DA%C3%91O_NO_PATRIMONIAL. Acesso em: 14 set. 2022.

MONATERI, Pier Giuseppe. Natureza e finalidades da responsabilidade civil. Tradução de Flávio Tartuce e Giuliana Giannessi. *Revista de Direito do Consumidor*, São Paulo, ano 26, n. 112, jul./ago. 2017. Disponível em: http://www.academia.edu/36556677/ Natureza_e_finalidades_da_responsabilidade_civil._Artigo_de_Pier_Giuseppe_ Monateri._Tradu%C3%A7%C3%A3o_e_montagem_do_texto_por_Fl%C3%A1vio_ Tartuce_e_Giuliana_Giannessi. Acesso em: 14 set. 2022.

MONTEIRO, Washington de Barros. *Curso de Direito Civil*: direito das obrigações - 1ª parte. 32. ed. atual. por Ana Cristina de Barros Monteiro França Pinto. São Paulo: Saraiva, 2003

MONTEIRO, Washington de Barros. *Curso de Direito Civil*: direito das obrigações - 2ª parte. 32. ed. atual. por Carlos Alberto Dabus Maluf. São Paulo: Saraiva, 2000

MONTORO, Franco. *Estudos de Filosofia do Direito*. 2. ed. São Paulo: Saraiva, 1995.

MORAES, Bruno Terra de. *O dever de mitigar o próprio dano*: fundamentos e parâmetros no Direito Brasileiro. Rio de Janeiro: Lumen Juris, 2019.

MORAES, Maria Celina Bodin de. A constitucionalização do direito civil e seus efeitos sobre a responsabilidade civil. *Revista Direito, Estado e Sociedade*, [s. l.], v. 9, n. 29, 2006. Disponível em: https://revistades.jur.puc-rio.br/index.php/revistades/article/view/295/267. Acesso em: 14 set. 2022.

MORAES, Maria Celina Bodin de. *Na medida da Pessoa Humana*: estudos de Direito Civil Constitucional. Rio de Janeiro: Renovar, 2010.

MORAES, Maria Celina Bodin de. O Princípio da Solidariedade. *In*: PEREIRA, Antônio Celso Alves; MELLO, Celso Renato Duvivier de Albuquerque. *Estudos em homenagem a Carlos Alberto Menezes Direito*. Rio de Janeiro: Renovar, 2003. Disponível em: https://www.ebah.com.br/content/ABAAABsacAF/pricipio-solidariedade-maria-celina-bodin-moraes. Acesso em: 14 set. 2022.

MORAES, Renato Duarte Franco de. *Enriquecimento sem causa e o enriquecimento por intervenção*. Lisboa: Almedina, 2021.

NANNI, Giovanni Ettore. *Enriquecimento sem causa*. 3. ed. São Paulo: Saraiva, 2012.

NEUBURGER, Alicia B. *Análisis del caso María Elena Loayza Tamayo contra Perú*. Instituto Interamericano de Derechos Humanos. Disponível em: https://www.studocu.com/pe/document/universidad-tecnologica-del-peru/derechos-humanos/caso-maria-elena/70877764. Acesso em: 29 fev. 2024.

NICOLAU, Gustavo Rene. Efetiva aplicação da teoria do risco no Código Civil de 2002. *In*: DELGADO, Mario Luiz; ALVES, Jones Figueirêdo (coord.). *Questões controvertidas no novo Código Civil*. São Paulo: Método, v. 5, 2006. p. 223-242.

ORGANIZAÇÃO DAS NAÇÕES UNIDAS. *Declaração Universal dos Direitos Humanos*. Nova York: Assembleia Geral das Nações Unidas, 1948. Disponível em: https://www.unicef.org/brazil/declaracao-universal-dos-direitos-humanos. Acesso em: 14 set. 2022.

PEREIRA, Caio Mario da Silva. *Direito civil*: alguns aspectos de sua evolução. Rio de Janeiro: Forense, 2001.

PEREIRA, Caio Mario da Silva. *Instituições de direito civil*. 24. ed. Rio de Janeiro: Forense, 2011.

PEREIRA, Caio Mario da Silva. *Responsabilidade civil*. 12. ed. atual. por Gustavo Tepedino. Rio de Janeiro: Forense, 2018.

PERLINGIERI, Pietro. *O Direito Civil na legalidade constitucional*. Rio de Janeiro: Renovar, 2008.

PERLINGIERI, Pietro. *Perfis do Direito Civil*: introdução ao Direito Civil Constitucional. 3. ed. Rio de Janeiro: Renovar, 2002.

PIANOVSKI, Carlos Eduardo. A responsabilidade civil por danos produzidos no curso de atividade econômica e a tutela da dignidade da pessoa humana: critério de dano ineficiente. *In*: DELGADO, Mario Luiz; ALVES, Jones Figueirêdo (coord.). *Questões controvertidas no novo Código Civil*. São Paulo: Método, v. 5, 2006. p. 65-84.

PONTES DE MIRANDA, Francisco Cavalcante. *Tratado de Direito Privado*. Atualizado por Vilson Rodrigues Alves. Campinas: Bookseller, 1999. Tomo I.

PORTUGAL, Carlos Giovani Pinto. *Responsabilidade civil por dano ao projeto de vida*: Direito Civil Contemporâneo e os Danos Imateriais. Curitiba. Juruá, 2016.

RÉ, Aluísio Iunes Monti Ruggeri. *A reponsabilidade civil como um sistema aberto*: a remodelação do instituto pelo código civil vigente (uma abordagem constitucional do tema). São Paulo: Lemos e Cruz, 2007.

REALE, Miguel. *Filosofia do Direito*. 20. ed. São Paulo: Saraiva, 2013.

REALE, Miguel. *Lições Preliminares de Direito*. 24. ed. São Paulo: Saraiva, 1999.

REALE, Miguel. *Teoria tridimensional do Direito*. São Paulo: Saraiva, 1968.

RESTA, Eligio. *Diritto vivente*. Roma: LATERZA, 2014.

RIBEIRO, Maria Anita Carneiro; MARTINHO, Maria Helena; MIRANDA, Elisabeth da Rocha. O sujeito autista e seus objetos. *A Peste:* Revista de Psicanálise e Sociedade e Filosofia. São Paulo, v. 4, n. 2, jul./dez. 2012. Disponível em: https://revistas.pucsp.br/index.php/apeste/article/viewFile/22116/16225. Acesso em: 14 set. 2022.

RIZZARDO, Arnaldo. *Responsabilidade civil*. 6. ed. Rio de Janeiro: Forense, 2013.

ROCHA, José Manuel de Sacadura. *Antropologia jurídica*: geral e do Brasil. 5. ed. Salvador: Juspodivm, 2018.

ROCHA, Nuno Santos. *A "perda de uma chance" como uma nova espécie de dano*. Coimbra: Almedina, 2017.

RODRIGUES, Silvio. *Direito Civil*: responsabilidade civil. 9, ed. São Paulo: Saraiva, v. 4, 1985.

ROSENVALD, Nelson. *A responsabilidade civil pelo ilícito lucrativo*: o *disgorgement* e a indenização restituitória. Salvador: Juspodivm, 2019.

ROSENVALD, Nelson. *As funções da responsabilidade civil*: a reparação e a pena civil. 3. ed. São Paulo: Saraiva, 2017.

ROSENVALD, Nelson; KUNERMAN, Bernar Korman. Restituição de ganhos ilícitos: há espaço no Brasil para o *disgorgement*? *Revista Fórum de Direito Civil*, Belo Horizonte, ano 6, n. 14, jan./abr. 2017. Disponível em: https://revistas.unifacs.br/index.php/redu/article/viewFile/5283/3367. Acesso em: 14 set. 2022.

SALVATO, L. Profili del "diritto vivente" nella giurisprudenza costituzionale. *Corte costituzionale*, Roma, febbr. 2015. Disponível em: https://www.cortecostituzionale.it/documenti/convegni_seminari/stu_276.pdf. Acesso em: 14 set. 2022.

SANSEVERINO, Paulo de Tarso Vieira. *Princípio da Reparação Integral*: indenização no Código Civil. São Paulo: Saraiva, 2010.

SANTOS, Antonio Jeová. *Dano Moral Indenizável*. 6. ed. Salvador: Juspodivm, 2016.

SANTOS, Romualdo Baptista dos. *Responsabilidade civil por dano enorme*. Curitiba: Juruá, 2018.

SÃO PAULO. Tribunal de Justiça. *Apelação 0006881-56.2014.8.26.0081*. Relatora: Desembargadora Maria Lúcia Pizzotti. Pesquisa de Jurisprudência, Decisão Plenária, 13 de janeiro de 2017. Disponível em: https://esaj.tjsp.jus.br/cpopg/show.do?processo.codigo=2900008HH0000&processo.foro=81&processo.numero=0006881-56.2014.8.26.0081. Acesso em: 14 set. 2022.

SARAGIOTO, Marli Aparecida. *O dano existencial como modalidade autônoma de dano imaterial*. 2017. Tese (Doutorado em Direito) – Faculdade Autônoma de Direito, São Paulo, 2017.

SARLET, Ingo Wolfgang. *Dignidade da Pessoa Humana e Direitos Fundamentais na Constituição Federal de 1988*. 8. ed. Porto Alegre: Livraria do Advogado, 2010.

SARMENTO, Daniel. *Dignidade da Pessoa Humana*: conteúdo, trajetórias e metodologia. Belo Horizonte: Fórum, 2019.

SAVI, Sérgio. *Responsabilidade civil e enriquecimento sem causa*: o lucro da intervenção. São Paulo: Atlas, 2012.

SAVI, Sérgio. *Responsabilidade civil por perda de uma chance*. 3. ed. São Paulo: Atlas, 2012.

SCHÄFER, Gilberto; MACHADO, Carlos Eduardo Martins. A reparação do dano ao projeto de vida na corte interamericana de direitos humanos. *Revista de Direitos Fundamentais e Democracia*, Curitiba, v. 12, n. 13, jan./jun. 2013. Disponível em: http://revistaeletronicardfd.unibrasil.com.br/index.php/rdfd/article/viewFile/340/315. Acesso em: 14 set. 2022.

SCHREIBER, Anderson. *Novos paradigmas da responsabilidade civil*: da erosão dos filtros da reparação à diluição dos danos. 6. ed. São Paulo: Atlas, 2015.

SCHREIBER, Anderson. O futuro da responsabilidade civil: um ensaio sobre as tendências da responsabilidade civil contemporânea. *In*: JUNIOR, Otavio Luiz Rodrigues; MAMEDE, Gladston; ROCHA, Maria Vital da (coord.). *Responsabilidade civil contemporânea*: em homenagem a Sílvio de Salvo Venosa. São Paulo: Atlas, 2011.

SEN, Amartya. *A ideia de justiça*. São Paulo: Companhia das Letras, 2011.

SESSAREGO, Carlos Fernández. *Abuso del Derecho*: concepto y problemática en el ordenamiento jurídico peruano. 3. ed. Lima: Motivensa, 2018.

SESSAREGO, Carlos Fernández. Apuntes Sobre el Daño a la Persona. *Iuris et veritas*, [s. l.], n. 25, [2002]. Disponível em: https://revistas.pucp.edu.pe/index.php/iusetveritas/article/download/16195/16612. Acesso em: 29 fev. 2024.

SESSAREGO, Carlos Fernández. Dano a la identidade personal. *THĒMIS Revista de Derecho*, Lima, n. 36, 1997. Disponível em: http://revistas.pucp.edu.pe/index.php/themis/article/view/11743. Acesso em: 14 set. 2022.

SESSAREGO, Carlos Fernández. Deslinde Conceptual entre "Daño a la Persona", "Daño al Proyecto de Vida" y "Dano Moral". *Revista Foro Jurídico*, Lima, v. 1, n. 2, jul 2003.

SESSAREGO, Carlos Fernández. *El derecho como liberdad: La teoria tridimensional del Derecho*. 4. ed. Lima: Motivensa, 2017.

SESSAREGO, Carlos Fernández. Hacia una nueva sistematización del daño a la persona. *Derecho y Cambio Social*, [s. l.], v. 4, n. 12, 2007. Disponível em: https://dialnet.unirioja.es/servlet/articulo?codigo=5504126. Acesso em: 14 set. 2022.

SILVA, Bruno Casagrande e. *Novas tendências da responsabilidade civil*: a expansão dos danos indenizáveis. Curitiba: Juruá, 2019.

SILVA, Rafael Peteffi da. A responsabilidade pela perda de uma chance e as condições para a sua aplicação. *In*: DELGADO, Mario Luiz; ALVES, Jones Figueirêdo (coord.). *Questões controvertidas no novo Código Civil*. São Paulo: Método, v. 5, 2006. p. 443-462.

SILVA, Rafael Peteffi da. *Responsabilidade civil pela perda de uma chance*: uma análise do direito comparado e brasileiro. 3. ed. São Paulo: Atlas, 2013.

SILVA, Rodrigo da Guia. *Enriquecimento sem causa*: as obrigações restitutória no Direito Civil. São Paulo: Thomsom Reuters, 2018.

SILVA, Wilson Melo da. *O dano moral e a sua reparação*. 3. ed. Rio de Janeiro: Forense, 1983.

SOARES, Flaviana Rampazzo. *Responsabilidade civil por dano existencial*. Porto Alegre: Livraria do Advogado, 2009.

STOCO, Rui. Responsabilidade civil no Código Civil francês e no Código Civil brasileiro: estudos em homenagem ao bicentenário do Código Civil francês. *Revista dos Tribunais*, São Paulo, v. 94, n. 831, p. 11-58, jan. 2005. Disponível em: http://egov.ufsc.br/portal/conteudo/responsabilidade-civil-no-codigo-civil-frances-e-no-codigo-civil-brasileiro. Acesso em: 14 set. 2022.

STOCO, Rui. *Tratado de responsabilidade civil*: doutrina e jurisprudência. 8. ed. São Paulo: Revista dos Tribunais, 2011.

TARTUCE, Flávio. *Direito Civil*: direito das obrigações e responsabilidade civil. 12. ed. Rio de Janeiro: Forense, v. 2, 2017.

TARTUCE, Flávio. *Manual de responsabilidade civil*. Rio de Janeiro: Forense; São Paulo: Método, 2018.

TARTUCE, Flávio. *Responsabilidade civil objetiva e risco*: a teoria do risco concorrente. São Paulo: Método, 2011.

TARTUCE, Flávio; NEVES, Daniel Amorim Assumpção. *Manual de Direito do Consumidor*. 6. ed. Rio de Janeiro: Forense; São Paulo: Método, 2017.

TARTUCE, Flávio; SILVA, Bruno Casagrande e. A aplicação das Convenções Internacionais de Varsóvia e Montreal em detrimento do Código de Defesa do Consumidor: uma crítica à decisão do Supremo Tribunal Federal em face do princípio da proibição do retrocesso. *Revista de Direito do Consumidor*, v. 27, n. 115, 2018.

TEIXEIRA NETO, Felipe. *Dano moral coletivo*: a configuração e a reparação do dano extrapatrimonial por lesão aos interesses difusos. Curitiba: Juruá, 2014.

TELLES Júnior, Goffredo. *Ética*: do mundo da célula ao mundo dos valores. 2. ed. São Paulo: Juarez de Oliveira, 2004.

TELLES Júnior, Goffredo. *O Direito Quântico*: ensaio sobre o fundamento da ordem jurídica. São Paulo: Max Limonad, 1985.

TELLES Júnior, Goffredo. *Tratado da consequência*: curso de lógica formal. 7. ed. São Paulo: Saraiva, 2014.

THEODORO JÚNIOR, Humberto. *Dano Moral*. 8. ed. Rio de Janeiro: Forense, 2016.

TOLOMEI, Carlos Young. A noção de ato ilícito e a teoria do risco na perspectiva do novo Código Civil. *In*: TEPEDINO, Gustavo (coord.). *O código civil na perspectiva civil-constitucional*. Rio de Janeiro: Renovar, 2013.

TRINDADE, Rodrigo. Reforma trabalhista: 10 (novos) princípios do direito empresarial do trabalho. *AMATRA IV*, Curitiba, 02 maio 2017. Disponível em: http://www.amatra4.org.br/79-uncategorised/1249-reforma-trabalhista-10-novos-principios-do-direito-empresarial-do-trabalho. Acesso em: 14 set. 2022.

ULPIANO. *Corpus Juris Civilis*: Digesto. Tradução de Edilson Alkmin Cunha. Brasília, DF: TRF1, ESMAF, 2010.

USTÁRROZ, Daniel. *Responsabilidade civil por ato lícito*. São Paulo: Atlas, 2014.

VENOSA, Silvio de Salvo. *Direito Civil*: responsabilidade civil. 2. ed. São Paulo: Atlas, v. IV, 2002.

VIEIRA, Jair Lot. *Código de Hamurabi*: Código de Manu (livros oitavo e nono): Lei das XII Tábuas. 3. ed. São Paulo: Edipro, 2011.

VILANOVA, Lourival. *As estruturas lógicas e o sistema do direito positivo*. São Paulo: Revista dos Tribunais, 1977.

Esta obra foi composta em fonte Palatino Linotype, corpo 10
e impressa em papel Offset 75g (miolo) e Supremo 250g (capa)
pela Artes Gráficas Formato.